KB244392

믿지 않는 배우자와 함께 사는 법

믿지 않는 배우자와 함께 사는 법

믿지 않는 배우자와 함께 사는 법

지은이 · 마이클 J. 팬스톤
옮긴이 · 정영순
초판 1쇄 찍은날 · 1999년 12월 7일
초판 1쇄 펴낸날 · 1999년 12월 13일
펴낸곳 · 예영커뮤니케이션
펴낸이 · 김승태
편집, 교정 · 이정현
표지디자인 · 김주연
영업 · 김석주
등록번호 · 제 2-1349(1992. 3.1)
펴낸곳 · 예영커뮤니케이션
　　　　110-616 서울 광화문우체국 사서함 1661
　　　　T. (02) 2264-7211 F. (02) 2264-7214
　　　　E-mail : jeyoung@chollian.net

ISBN 89-8350-161-8   03230

값 7,000원

■ 잘못 만들어진 책은 언제든지 교환해 드립니다.

믿지 않는 배우자와 함께 사는 법

마이클 J. 팬스톤 지음 ■ 정영순 옮김

예영커뮤니케이션

▋감사의 글

예전에 내가 쓴 책의 출판을 위해 수고해 주었던 케이트 타이렐 씨는 이 책을 써야 할 필요가 있음을 내게 일깨워 주었다. 물론 이 책의 내용에 대한 책임은 전적으로 내게 있다. 왜냐하면 이 책에서 말하고 있는 주제들을 다루어야 할 필요가 있음을 인식하고, 필요한 조사를 하고, 책을 어떻게 구성할 것인지를 생각한 다음, 실제로 글을 쓴 장본인이 바로 나이기 때문이다. 그러므로 혹시 독자들이 이 책이 별로 도움이 되지 않는다고 생각하거나 자신들이 처한 상황과는 별로 관계가 없다고 느낀다면 그 책임은 내가 전적으로 져야 할 것이다.

반면에 이 책이 완성되기까지 수많은 사람들이 함께 수고해 주었으며, 그들의 도움은 더없이 소중한 것이었다. 그래서 다양한 부분에서 수고해 주신 분들께 감사를 표하고자 한다.

먼저 행정적으로 이 책에 관련된 조사 작업을 위해 매우 실제적인 도움을 주신 그레이브센드 임마누엘침례교회의 행정 책임을 맡고 있는 로즈매리 그린에게 감사를 드린다.

사례 조사를 위해서 여러 교회의 지도자들과 목사님들은 나의 협조 요청에 적극적으로 응해 주었고, 그들 교회의 여성도들을 대상으로 설문 조사를 할 수 있게 해 주었다. 그리고 기독교 출판사의 편집자인 《생동하는 여성(Women Alive)》의 엘리자베스 라운드와 《크리스천 헤럴드》의 브루스 하디의 협조에도 감사를 표한다. 이두 분은 그리스도께 헌신되지 않은 남편들과 살고 있는 그리스도인 아내들에게 도움을 요청하는 글을 실어 주었다.

설문 조사에 응해 준 응답자들에게도 감사를 드린다. 응답자 중 어떤 사람들은 남편과 아이들까지 동원해 다양한 관점을 볼 수 있게 해 주었다. 많은 사람들의 협조로부터 얻어진 자료는 여성들이 처한 상황과 그들의 가정을 이해하는 데 많은 도움이 되었다.

또 일단 초안이 작성되어 나왔을 때, 책의 수정을 위해 많은 사람들이 다양한 방법으로 자상한 도움을 주었다. 마리온 셔우드, 발레리아 브리그덴, 린세이 켐프 박사, 로즈매리 그린, 제니 밀러, 아이린 아처, 실비아 어스틴, 심리학자인 그래함 플래트맨, 그리고 '마라나타' 사역을 하고 있는 릴리안과 데릭 쿡 부부이다. 모두 책의 내용과 스타일에 대해 유익하고 건설적인 제안들을 해 주었다. 특히 원고 전체를 꼼꼼하게 교정을 하며 다듬어 준 마리온과 데이빗 톰슨 부부에게도 감사를 전하지 않을 수 없다.

　원래 이 책의 제목은 좀 길고 부담스러운 것이었는데, 마리온 톰슨 여사가 어느 날 새벽 그녀에게 섬광같이 떠오른 'Together Apart'란 제목을 제안하였다.

　위에 언급한 모든 분들과 또 내게 이 책의 필요를 보게 해 주시고 이 일을 할 수 있는 힘과 시간을 허락해 주신 하나님께 깊은 감사를 드린다. 이 책을 귀하게 생각하는 독자들 역시 하나님께 감사를 드릴 수 있게 되기를 바란다.

— 마이클 J. 팬스톤

일반적으로 교회 안에는 남자보다는 여자가 많은 것이 사실이다. 이 여자들의 절반 가량은 남자의 동행 없이 혼자 예배에 참석한다. 그들 중 일부는 독신이고, 나머지는 신앙 생활을 하지 않는 남편을 둔 사람들이다. 이들은 믿음을 중요하게 생각하지만, 집에서는 조용히 지내야만 한다. 어쩌면 당신이 바로 이런 여성들 중의 한 사람일지도 모르겠다.

지금은 60대의 할머니가 된 진은 결혼하고 25년이 지난 후에 그리스도인이 되었다. 그녀는 집을 하숙집처럼 생각하는 술주정꾼 남편 때문에 미칠 지경이었고, 불만 투성이인 10대의 두 자녀들로 인해 골치를 앓아 왔다. 남편은 새롭게 가진 아내의 신앙으로 인한 그 어떤 영향도 받지 않으려 했고, 기회가 있을 때마다 특히 사람들 앞에서 그녀를 조롱거리로 삼았다. 그렇게 18년을 살아 온 지금, 그녀는 "남편이 저를 대하는 태도에는 전혀 변함이 없어요"라고 말한다. 그리고 그녀는 이 고통이 계속되리라는 것도 잘 안다.

남편들은 아내의 신앙에 대해 다양한 반응을 보인다. 어떤 사람들은 아내가 교회에 나가서 그리스도인 친구들과 사귀는 것을 전혀 반대하지 않는다. 그리고 아내와 함께 일년에 몇 차례씩 교회에 나가는 것을 아무렇지도 않게 생각한다. 또 어떤 사람들은 아내가 매주 일요일마다 교회에 나가는 것에 대해 비교적 좋게 생각하지만, 그것 때문에 가족들이 불편을 느끼게 되는 것은 결코 달가하지 않는다. 가장 심한 반대는 그리스도인의 믿음이나 교회에 대해 전혀 이해하지 못하거나 이해하려 하지 않는 남편에게서 나타난다. 질투심이 강한 남편들은 아내가 다른 남자—그 남자가 예수님이라 할지라도—와 교제하게 되는 것을 심하게 반대할 수 있다. 그들은 천국과는 적당한 거리를 유지하는 것이 안전하다고 생각하고, 아내가 가족 외에 그 어떤 친밀한 교제권을 가지는 것에 대해서 별로 탐탁하지 않게 생각한다.

부부 중 어느 한쪽은 그리스도를 믿고 신뢰하는 반면, 다른 한쪽은 그렇지 않은 경우가 상당히 많다. 만일 당신이 이런 형편에 처해 있다면, 당신은 결코 혼자가 아니다. 대개 아내들이 그리스도인이고, 남편이 그렇지 않은 경우가 많다. 그러나 남편이 먼저 그리스도인이 된 후에도 아내는 그리스도를 만나지 못한 가정들도 없지 않아 있다. 이 책은 주로 비그리스도인 남편과 사는 여성들을 위해 쓰여졌지만, 같은 상황에 있는 남성들에게 적용될 수 있는 내용도 많이 포함하고 있다.

어떤 사람들은 왜 남자가 여자들을 위한 책을 써야 하는가 하고 의아해 할지도 모르겠다. 그리고 나는 비그리스도인 남편과 결혼한 적도 없지 않은가? 그러나 나는 한 지역 교회의 목사로서 예수님을 믿지 않는 남편을 둔 많은 여성들을 만나게 된다. 그들은 남편과 종교에 관해 어떤 얘기든 좀 나누어 보려고 하다가, 마치 전혀 다른 언어를 사용하는 사람들처럼 느끼게 된 경험을 이야기하곤 한다. 이런 일은 그 누구의 잘못도 아니다. 그저 그럴 수밖에 없는 것이다. 그래서 나는 이런 상황에 있게 된 아내들의 어려움과 고통을 함께 느끼며 이 문제를 다루게 되었다. 그리고 이런 상황에 대한 조사를 하고 이 글을 쓰는 동안, 사람들이 나누어 준 경험과 상황을 들으며 상당히 많은 도움을 받을 수 있었다.

이 조사는 영국과 아일랜드 전역에 걸쳐 폭넓게 배포된 설문지를 통해 이루어졌다. 그리고 영적인 공감대가 없기 때문에 부부 사이와 가정 생활 속에서 압박감을 느끼면서 살아왔고, 또 살고 있는 사람들의 실제 이야기들을 책 전체를 통해 다루었다. 내게 많은 도움을 준 분들께 깊은 감사를 드린다. 그리고 나는 그들의 개인 생활을 보호하기 위해 가명을 사용하기도 했다.

아내 다이안의 조언과 반응 역시 큰 도움이 되었다. 아내는 내가 한 단락을 마칠 때마다 그것들을 읽어 주었을 뿐 아니라, 예수님을 믿지 않는 남편을 둔 아내들을 돕는 사역에서 나보다 더 많은 역할을 해 주었다. 실제로 여러 면에서 이 책은 아내와의 합작품이라고 볼 수 있으며, 아내의 도움을 매우 고맙게 생각한다.

나는 어떤 상황을 다양한 각도에서 보려고 노력했으며, 때로는 두통과 아픔을 느끼기도 했다. 그리스도인인 아내들은 남편과 함께 교회에 올 수 없다는 것 때문에 외로움과 소외감, 그리고 죄책감마저 느끼고 있었다. 그들은 교회에서 행복하게 보이는 부부들에게 둘러싸여 종종 괴리감을 느끼며 자신을 정죄하곤 한다. 그뿐 아니라 자신들의 상황이 전혀 바뀔 것 같지 않은 절망감을 가슴 깊이 느낀다. 남편이 교회에 함께 나올 수 있게 된다면 그들의 대부분은 정말 기뻐하게 될 것이다. 그러나 당분간은 전혀 불가능한 것처럼 보이기 때문에, 그들의 괴로움은 계속될 수밖에 없다.

결혼한 부부가 아주 중요한 것에 하나가 될 수 없을 때, 그들이 경험하는 고통이 얼마나 깊은 것인지를 하나님은 너무나 잘 알고 계신다. 하나님께서 사람을 지으시고 결혼 제도를 제정하셨을 때, 아담과 하와는 하나님을 향해 같은 믿음과 신뢰를 가지고 있었다. 그들 두 사람은 서로 교제했을 뿐 아니라 하나님과의 교제도 함께 나누고 있었다. 그들 중 한쪽만이 하나님을 신뢰한다면 그것은 결혼 생활 속에 불일치를 불러 일으키게 될 것이라는 것을 하나님은 아셨다. 그래서 성경은 하나님께 대한 살아 있는 신앙을 가진 사람과 그렇지 않은 사람과의 결혼을 강하게 말리고 있는 것이다(스 9:1-4, 고후 6:14-18).

하나님은 남자와 여자가 서로의 사랑과 헌신의 관계를 공식적으로 가질 수 있도록 하기 위해 결혼제도를 제정하셨다. 이 결혼 관계는 서로의 필요를 채워 줄 수 있어야 할 뿐 아니라, 아이들을 낳아 키울 수 있는 바람직한 환경을 조성해 줄 수 있어야 한다. 하나님께서 원하신 것은 부부가 서로 하나가 되어 사랑이 넘치고 안정된 가정을 이루고 행복을 느끼며, 하나님의 임재하심을 즐거워하면서 하나님을 사랑하고 하나님께 영광을 돌리는 그런 결혼 관계였다.

그러나 하나님이 원하셨던 이상적인 계획은 종종 방해를 받아왔다. 한 그리스도인이 영적인 공감대를 나눌 수 없는 다른 한 사람을 사랑하게 되어 결혼해도 결국은 하나가 되지 못한다. 또 결혼할 때는 두 사람이 모두 헌신된 그리스도인이었지만 결혼한 후 한 사람이 믿음을 저버리는 경우도 있다. 또 다른 경우는 결혼한 후 남편이나 아내 중 한 사람이 그리스도인이 됨으로 부부 사이에 영적인 분리가 생겨나기도 한다. 이 경우 그리스도인이 된 배우자는 영적인 생동감을 갖게 되지만, 가정 내에서는 고통스러운 긴장을 겪게 된다. 그렇게 되면 그들은 사람들이 그리스도께 돌아오기를 분명하게 요구하는 한편, '다른 멍에를 메는 것'이 결코 이상적이 될 수 없다는 성경 말씀을 이해할 수 있게 된다.

아내들만 고통받는 것은 아니다. 행복하고 안정된 결혼 생활을 잘 해 왔는데 아내가 예수 그리스도를 믿으면서 결혼 생활이 혼동 속으로 떨어지게 되었다고 생각하는 남편들도 있다. 또 어떤 남편들은 아내의 개종으로 나타난 현저한 변화를 보고, 자신들은 과연 무엇을 믿고 살아왔는가에 대한 질문을 던지기도 한다. 실제로 남편들이 못마땅하게 생각하는 것은 아내가 새로 가지게 된 믿음 그 자체라기 보다는, 아내들이 고집스럽게 시간과 돈과 노력을 교회에 투자하고 있다는 것이다. 종종 이런 아내의 태도가 남편들의 불만을 사고 서로를 갈라 놓는 이유가 된다.

이 책에서 나는 현실적이며 실질적인 동시에 영적으로 접근해 갈 것이다. 믿지 않는 남편을 위해 기도하고 그에게 복음을 증거하기만 하면, 남편이 그리스도께 무릎을 꿇고 복종하게 될 것이라고 생각하는 승리에 찬 신학을 이 책에서는 찾아볼 수 없을 것이다. 그보다는 믿지 않는 배우자가 하나님을 개인적으로 알게 되는 기회를 가질 수 있도록, 우리가 어떻게 하나님과 함께 이 문제들을 해결할 것인가에 대해 다룰 것이다. 그러나 불신자가 믿게 되리라고 보장하는 어떤 방법이나 기술을 소개받을 수 있다고 생각해서는 안 된다. 그런 방법은 결코 있을 수 없기 때문이다. 그리고 또 이 책에서는 아내와 남편이 영적인 문제에 대해 서로 다른 관점을 가지고 있을 때 아이들을 키우는 일로 야기되는 문제들을 다루는 방법도 살펴보게 될 것이다. 그리고 마지막으로 교회가 믿지 않는 남편을 가진 아내들을 어떻게 도울 수 있을지를 생각해 보고자 한다.

하나님은 우리가 이해할 수 없는 다양한 방법으로 일하신다. 부부 중 한 사람이 그리스도를 만나게 되면, 그 때문에 결혼 생활이 깨어질 수도 있다. 이런 일은 우리가 받아들이기에 정말 어려운 일이지만 실제로 이런 일들이 일어나고 있다. 그 어떤 것도, 그 누구도 우리를 붙들어 줄 수 없다는 것을 아시는 하나님께서는 우리가 하나님을 신뢰하도록 격려하기 위해 어려운 시기와 충격적인 경험들을 종종 사용하신다. 실제로 이것은 남편이 곧 바로 예수님을 믿게 되는 경우 보다 그리스도인인 아내의 영적 생활이 더욱 깊어질 수 있음을 의미할 수도 있다.

우리는 믿지 않는 배우자가 스스로 예수님을 믿게 되어 부부가 연합되는 것을 보고 싶어한다. 그러나 어떤 아내들은 이런 기쁨을 결코 맛보지 못한다. 그들이 이런 기쁜 일이 일어나리라고 기대하기 때문에 오히려 더 혼란에 빠지고 낙심하게 될 수도 있다. 그러므로 나는 그들이 어려운 상황 속에서도 어떻게 하나님의 평안을 느낄 수 있을 것인가를 논의하고자 한다.

나는 하나님께서 고통 속에 있는 당신의 교회의 한 부분을 치유하시기 위해 하나님께서 이 책을 사용하시기를 소원한다. 나는 내가 모든 해답을 가지고 있다고 생각하지 않는다. 이 책에 소개되고 있는 어떤 상황들은 도무지 쉽게 그 해결책을 찾을 수 있을 것 같지 않다. 우리는 물론 해결책을 찾고 싶어한다. 그러나 우리를 향한 하나님의 부르심은 하나님께서 우리를 도우시고 힘 주시는 대로 어려움을 감당해 나가는 것이다.

당신이 이 책을 읽는 동안 하나님께서 말씀해 주시고 용기와 확신을 주시기를 기도한다. 이 책을 통해서 당신이 얻게 된 도움이나, 나누고 싶은 개인적인 경험이나 생각들은 출판사를 통해 편지로 알려 준다면 내게는 큰 기쁨이 될 것이다.

— 마이클 J. 팬스톤

차례 Together Apart
Contents

믿지 않는 배우자와 산다는 것은 매우 힘들다.
성경은 그리스도인들에게 이 땅에서의 삶이 쉬울 것이라고 약속하지 않는다.
믿지 않는 다른 사람들과 마찬가지로 어려운 삶을 살 수도 있다.
그러나 믿지 않는 사람이 가질 수 없는 분명한 유익이 있는데,
그것은 어려운 시기에 하나님의 능력과 도움을 경험한다는 것이다.

1장
당신은 어떤 상황에 있는가?

　'이런 류의 책을 읽지 않아도 된다면 얼마나 좋을까' 라며 당신은 이 책을 펴고 있는지도 모르겠다. 당신은 남편이 예수님을 믿기만 한다면 많은 문제들이 쉽게 해결될 수 있으리라고 생각할 수도 있다. 그리고 가정—실제로는 믿음대로 살기 가장 힘든 곳—에서 그리스도인의 삶을 살아가는 것이 너무나 어렵다고 느끼고 있는지도 모르겠다. 서로 다른 언어를 사용하는 두 사람이 서로를 이해하는 것이 불가능한 것처럼, 당신이 남편과 영적인 부분에 대해 대화를 나누는 것이 실제로 불가능한 일이라고 생각하고 있는지도 모르겠다. 어쩌면 당신이 처한 상황은 이보다 더 심각할 수도 있다. 그리스도인으로서의 신앙과 하나님을 향한 믿음과 신뢰는 당신에게 매우 소중한 삶의 변화를 가져다 주었지만, 남편과는 그것을 나눌 수 없다는 안타까움을 느끼고 있을 수도 있다. 그리고 믿음 때문에 남편과의 관계에 문제가 생기기 시작했고, 점점 더 심각해지고 있을 지도 모르겠다. 이런 상황은 결코 간단한 문제가 아니다.

　성경은 결혼에 대해서 많은 것을 가르쳐 주고 있다. 특히 성경은 결혼이 인류를 위한 하나님의 계획이었다는 것을 말하고 있다. 인간을 창조하신 후(창 1:27), 하나님은 이 세상에서 가장 중요한 인간 관계를 위한 한 제도를 만드셨다. '남자가 부모를 떠나 그 아내와 연합하여 둘이 한 몸을 이룰지로다' (창 2:24). 부모에게 의존하던 관계는 사랑과 신뢰와 성적 연합으로 이루어진 부부 관계에 의해 대치된다. 그리고 부부가 갖는 이 친밀한 관계 속에서 자녀가 출생되고 양육된다(창 1:28).

창세기 2:24에서 가장 중요한 단어는 결혼을 묘사하고 있는 '연합하여'와 '한 몸'이다. 결혼은 두 사람이 함께 삶을 나누기 위해 깊고 친밀한 방법으로 연합하는 것이다. 즉 결혼은 부부가 서로 깊이 사랑하고, 신뢰하며, 인생을 서로에게 헌신하고, 모든 일에 있어서 서로 솔직하며, 이 모든 것들의 구체적인 표현으로서 서로를 향한 사랑이 성적 연합으로 나타나는 것을 의미한다. 이렇게 될 때, 결혼은 기쁨과 즐거움과 만족을 가져다 주는 것이 된다.

1. 일반적으로 나타나는 문제들

많은 일들이 잘못될 수 있고, 흔히 잘못된다. 여기서 우리는 가장 일반적으로 나타나는 문제들 중 몇 가지를 생각하게 될 것이다. 그러나 어떤 상황 속에서는 이런 문제들이 복합적으로 나타난다는 점을 염두에 두어야 한다.

의사 소통

남편과 아내가 서로 대화하는 것을 중단하고 그저 피상적으로 서로를 대하게 될 때, 결혼 관계는 깨어질 수 있다. 어떤 부부는 결코 서로 깊은 교제를 나누지 못한다. 심지어 연애 기간조차도 그렇다.

로렌스 크렙 박사는 결혼 상담을 위해 찾아온 한 부부에 대한 이야기를 들려 주었다. 그 아내는 이렇게 말했다.

> "우리는 늘 거리를 유지하면서 함께 살고 있어요. 남편에게는 그 어떤 것에 대해서도 제 마음을 솔직하게 털어 놓을 수가 없어요. 남편은 늘 화를 내면서 제게 공격을 하거든요. 그렇지 않으면 그냥 입을 다물고 아무 말 없이 며칠씩이나 지내죠. 우리는 한 번도 깊이 얘기해 본 적이 없는 것 같아요." [1]

만일 남편이나 아내가 서로에게서 받게 되는 상처나 아픔을 혹은 상대를 향해 느끼는 분노를 솔직하게 표현하지 못하고 참고 지내야만 한다면, 그 부부 관계는 위기가 극에 달할 때까지 조금씩 내리막길로 치닫게 될 것이다. 그리고 그 때 두 사람에게 남게 될 상처는 엄청날 것이다.

신뢰의 부족

대부분의 사람들은 서로를 향한 신뢰 속에서 결혼을 한다. 그리고 서로에게 끝까지 신실할 것을 기대한다. 이런 헌신은 필수적이다. 한 항공 회사의 여승무원은 이렇게 말했다.

"저는 한 남자와 6년을 동거한 후 결혼을 하자고 했어요. 그런데 그 사람은 부부라는 부담 없이 그냥 같이 살기를 원했어요. 그래서 전 결혼으로 서로 결속되기를 원하는 다른 사람을 찾았어요. 그와 결혼한 지 두 달이 지났는데, 지금까지는 매우 만족스러워요."[2]

결혼식에서의 서약에도 불구하고, 자신의 헌신을 다짐했던 배우자를 저버리는 경우가 허다하다. 예를 들어 자제력이 부족하거나,. 성적으로 신실하지 못한 경우, 또는 경제적인 면에서 무책임한 것은 배우자에게 큰 고통을 가져다 준다. 자신의 배우자를 믿을 수 있다고 생각했던 많은 사람들이 깊은 상처를 받고 있다. 그리고 신뢰가 깨어진 상황에 처한 많은 사람들은 그것을 회복시키는 일은 거의 불가능하다고 느낀다.

관심의 차이

어떤 부부들은 시간이 흐름에 따라 서로에게서 멀어져 간다. 이것은 그들이 더 이상 서로 사랑하지 않는다거나 계속 다툰다는 것을 의미하지는 않는다. 그보다는 각기 다른 삶을 살아가는 것을 말한다. 부부 중 한 사람이 출세를 가장 중요하게 생각할 때, 이런 상황이 벌어지기 쉽다. 때로는 여가나 취미 활동에 몰두하기 때문에 생기는 결과이기도 하다. 의도적이든 아니든 간에 부부 사이를 멀어지게 만드는 것은 그 어떤 것이든 부부 관계에 심각하고 부정적인 영향을 미칠 수 있다.

사역자로서 내가 가장 즐겁게 하는 일 중의 하나는 혼전 상담이다. 나는 주례를 서게 될 연인들에게 적어도 두 시간씩 세 번 이상은 상담을 하도록 강조한다. 예비 신랑인 스티브라는 청년이 최근에 이렇게 말했다.

"가장 친한 친구와 결혼을 할 거라고 말하는 저를 친구들은 도무지 이해하지 못합니다."

그러나 이런 친구 관계가 사실은 모든 결혼에 있어서 가장 중요한 요소가 되어야 한다. 배우자가 서로 다른 길을 걸어와 공통점이 별로 없다면, 그 결혼 관계는 위험에 놓여 있는 것이다. 캐슬린은 자기의 결혼 생활이 이런 위험한 상황에 놓이게 된 이유를 다음과 같이 설명해 준다.

"제가 그리스도인이 되었을 때, 다른 가치관을 가지게 되었고 제 기쁨의 근원도 달라지게 되었어요. 그리고 그것은 곧 남편과 멀어지는 생활을 불러 왔어요."[3]

아이린의 경험도 이와 비슷하다. 그녀의 남편은 "여보, 우린 서로 관심사가 너무 달라요. 우리의 결혼 생활은 시간 낭비인 것 같소"라고 말했다.

가정에 닥쳐오는 어려움
집안에 닥친 여러 문제를 더 이상 참을 수 없게 될 때 많은 결혼이 깨어진다. 그 중에서도 경제적인 어려움이 가장 큰 스트레스를 준다. 해고, 실직, 조기 퇴직 등을 당하게 되면, 부부는 지혜롭고 건전한 사람들보다는 비슷한 처지에 있는 사람들과 훨씬 더 많은 시간을 보내게 된다.

일에 대한 만족이나 성취감을 느끼지 못할 때 삶의 의욕을 느끼기는 매우 어렵다. 그리고 가정에 들어오는 수입이 너무 적으면 부부는 서로에게 짜증과 신경질을 내기 쉽고 또 서로에 대해 실망하게 된다. 이런 상황에 이르면 부부 중 한 사람은 더 이상 견딜 수 없다고 느낀다.

영적 분리

부부 사이에 중요한 의견 차가 있게 되면 결혼 생활이 어려워질 수 있다. 나는 서로 다른 국적을 가진 부부들을 알고 있다. 그들은 서로 다른 언어와 문화적 배경을 가지고 있다.

이런 부부들의 결혼 생활은 그들이 서로의 의견을 주의해서 듣고, 인내를 가지고 서로를 이해하기 위해 최선을 다할 때만이 안정되고 견고해질 수 있다. 그러나 그들은 적어도 이런 차이가 있으리라는 것을 알고 결혼을 했다.

믿지 않는 두 사람이 결혼한 후, 한 사람이 그의 아내나 남편의 흥미를 전혀 끌 수 없는 그리스도인들의 모임에 참석하여 하나님을 믿기로 헌신하게 될 경우 이야기는 상당히 다르다. 단지 하룻밤 사이에 두 사람 사이에 엄청난 틈이 벌어지게 되는 것이다.

그들은 이제 서로 다른 우선 순위와 사고 방식을 갖게 된다. 돈과 시간을 쓰는 방식에도 차이가 나게 될 것이다. 아이린은 아직도 남편과 식사를 하러 종종 술집에 가곤 하지만, 예전처럼 그렇게 자주 가는 것은 거절한다고 한다. 이런 상황에 이르게 되면 두 사람은 긴장과 어려움을 느낀다.

2. 깊은 내적 감정들

이제 여기서 이런 상황에 있는 그리스도인 아내들이 경험하는 감정들에 대해 알아 보는 것이 도움이 되리라 생각하는데 그 이유는 다음과 같다.

첫째로, 우리는 이런 상황에서 벌어질 일들을 예측해 볼 필요가 있기 때문이다. 당신이 느끼는 것과 같은 감정들이 이 곳에 언급된다면 당신의 반응은 지극히 자연스럽고 정상적인 것이라는 것을 알게 될 것이다. 다른 대분분의 사람들도 동일하게 느낀다고 말이다.

둘째로, 당신이 느끼는 감정들을 확인하고 명확히 하는 것이 중요하기 때문이다. 절박한 상황 속에서 당신이 경험하는 뒤섞인 반응들에 대해 이해하는 것이 늘 쉽지만은 않다.

무력감

흔히 그리스도인 아내들은 남편이 아직 그리스도인이 아니라는 사실에 대한 책임이 전적으로 자신에게 있다고 생각한다. 그들은 '내가 가정에서 좀더 좋은 본을 보였더라면, 내가 그렇게 쉽게 화를 내지 않았더라면, 남편에게 예수님에 관해 이야기할 수 있는 용기를 좀더 가졌더라면, 내가 좀더 성숙한 그리스도인이 되었다면, 지금쯤 남편이 예수님을 믿게 되었을 텐데' 라고 생각한다. 멜라니는 이렇게 말한다.

> "남편이 예수님을 영접하기만 한다면 정말 좋은 그리스도인이 될 수 있을 거란 생각이 들 때 가장 힘들어요. 제가 남편에게 좋은 본을 보이는 데 실패하고 있다고 느낄 때가 많거든요."

다른 한 아내는 자신을 그렇게 심하게 탓하지는 않지만, 다른 사람들에 의해 비난을 받고 있다고 느낀다. 남편이 그리스도인이 아니라는 사실 때문에, 사람들이 자신을 비난하고 있다고 느끼는 것이다.

이 주제에 관한 세미나를 주관하는 데릭과 릴리안 쿡 부부는 이런 비난과 무력감, 정죄감은 불필요한 것들이며 정말 유감스러운 것들이라고 말한다. 그들은 다음과 같은 매우 분명한 메시지로 세미나를 시작한다.

> "남편이 아직 그리스도인이 되지 않은 것은 당신의 전적인 책임이 아닙니다."[4]

외로움

교회 내의 독신자들은 대부분 아직 어리고 미혼이거나 아니면 나이가 많고 사별한 경우가 많다. 이런 상황 속에서 중년의 독신자들은 소외되고 배제된 느낌을 받는다.

교회 프로그램의 대부분은 부부나 가족, 젊은 사람들이나 노인들을 대상으로 하고 있다. 그리고 부부들과의 교제도 쉽지는 않다. 왜냐하면 그들은 다른 부부들과 함께 교제하기를 원하기 때문이다. 그래서 주위에 많은 사람들이 있지만 중년의 독신자들은 소외감을 느끼게 된다. 이런 외로움은 아직 결혼을 하지 않은 미혼의 경우, 결혼을 했다가 헤어졌거나 이혼한 경우, 배우자를 사별한 경우, 그리고 결혼을 해서 가정을 이루고 있지만 배우자가 교회에 다니지 않는 경우 등 중년 독신자들에게서 흔히 나타난다.

남편과 신앙 생활을 함께 할 수 없는 그리스도인 아내들은 외로움을 교회에서만 느끼는 것이 아니다. 이에 대해 재스민은 다음과 같이 말한다.

"저는 제 삶의 큰 부분을 차지하는 가정에서 하나님과 함께 있으면서도 외로움을 느껴요. 왜냐하면 남편과 하나님에 관한 얘기들을 같이 할 수가 없기 때문이예요."

맥신도 "제 남편은 영적인 생활에 대해 전혀 이해를 못해요. 그래서 많이 외롭고 고독해요"라고 동감을 표했다. 그리스도인 친구들이 필요하다고 생각하게 된 소피아는 이렇게 말한다.

"때때로 심한 외로움을 느껴요. 그렇지만 하나님은 저와 같은 상황에 있는 다른 아내들을 통해 제 필요를 자상하게 채워 주시지요."

그러나 크리스틴과 같이 조금 다른 경우도 있다.

"나는 영적으로 너무나 외로웠기 때문에, 그리스도인 친구들과의
교제를 점점 더 소중하게 여기게 되었는데, 그 결과 남편이 소외감
을 느끼게 되었어요."

이런 상황에 있는 외로운 사람들은 때로는 매우 어려운 결정을
내려야 한다.

상처입은 열정

부부 중 한 사람이 그리스도인이 되고 나면 그 부부는 여러 가지
일에 대해 서로 다른 의견 차이를 보일 가능성이 높아진다. 가정에
서 유일한 그리스도인으로서 가족들과 함께 일요일을 보내는 방법
을 터득한 데이브는 다음과 같이 말한다.

"나는 가정에서 나의 믿음을 나타낼 수 없었기 때문에, 그리스도인
으로서의 나의 능력을 제대로 발휘하지 못한다고 생각합니다. 나
는 성가대에서 봉사하고 있기 때문에 보통 일요일 아침에는 교회
로 갑니다. 그리고 가끔씩 구역 예배에도 참석을 합니다. 그러나
어떤 때는 가족과 함께 있기 위해 일요일 아침에도 그냥 집에 머물
곤 합니다." [5]

엘리슨의 상황은 상당히 보편적인 문제라 할 수 있다.

"저는 늘 두 갈래로 찢겨지는 것 같아요. 가정에서의 불화를 피하기 위해
서는 제 믿음을 한 쪽으로 밀어 두어야 하거든요."

애브릴 역시 이에 대해 동감을 표한다.

"남편과 전 서로 다른 의견을 가지고 있고, 시간을 사용하는 방식
도 다르죠. 남편은 TV를 보고 술을 마시러 가고 싶어 하지만, 전
TV를 보기 보다는 하나님을 섬기는 데 시간을 사용하고 싶거든요.
특히 남편과 술을 마시러 같이 가야 한다는 것이 가장 힘들어요.
제 속에는 남편과는 나눌 수 없는 것들로 가득 차 있어요. 그리고
하나님을 좀더 잘 섬기고 싶은데, 남편이 원하는 것도 존중해 주어
야 하잖아요."

두려움

믿지 않는 배우자를 가진 그리스도인은 종종 두려움을 경험한다.
이 두려움은 마가렛의 경우와 같이 부부 사이에 의견이 서로 다를
경우에 생겨날 수 있다. 마가렛은 이렇게 말한다.

"전, 제 신앙을 주장할 수가 없어요. 교회에 가겠다고 고집부리다
가 일어나는 싸움이 무서워서 교회 모임에 가지 않기로 타협하는
경우가 허다하거든요."

또 다른 아내들은 영원에 대해 매우 생생한 두려움을 가지고 있

다. 예수님께서는 우리들, 곧 그의 제자들을 위해 하늘에 있는 한 처소를 예비하신다고 말씀하셨다(요 14:2). 신약의 마지막 책인 요한계시록은 하나님 나라에 대한 통찰력을 갖게 해 준다.

그 곳은 기쁨으로 예배드리는 곳이며 그리스도를 믿는 모든 사람들이 소망하는 곳으로 하나님께서 예비하신 곳이다. 그런데 만일 우리의 배우자가 예수님을 영접하지 않는다면, 그들은 그 곳에 갈 수 없다(요 3:16-18)고 성경이 말하고 있는 사실에 직면해야 한다. 이것은 두려움과 염려와 상당한 고통을 불러일으킨다. 크리스틴이 이에 대해 느끼는 두려움은 상당히 심각한 것이다.

> "남편이 구원을 받지 못하고 지옥으로 가게 될 것이란 생각은 하기도 싫어요."

남편이 그리도인이 아니라는 사실에 매우 슬퍼하며, 남편이 영원한 죽음에 직면해야 한다는 사실 때문에 견디기 힘들어한다. 웬디가 느끼는 감정도 같은 두려움이라 볼 수 있다. 또 다른 아내는 만일 남편이 불의의 사고로 죽게 된다면, 그의 영혼이 어디로 가게 될지에 대해 상당히 염려스러워 했다.

죄책감

남편과 함께 신앙 생활을 하지 못하는 그리스도인 아내들은 여러 가지 일로 하나님 앞에 죄책감을 느끼게 된다. 피오나는 저녁에 교회에 가려고 하면 죄책감을 느낀다고 한다. 그리고 웬디도 비슷한 얘기를 한다.

> "하나님을 위한 어떤 일에 참여하고 있으면서도 가정을 지키고 있
> 어야 하는 것은 아닐까 하면서 죄책감에 빠지곤 해요. 남편이 전혀
> 개의치 않을 때도 그냥 제 스스로 죄책감을 느끼는 거예요."

엘리슨의 경우는 매우 다르다. 그녀는 "교회에서 하고 있는 여러 가지 활동들에 참여할 수 없기 때문에 저는 죄책감을 느껴요"라고 말한다. 로즈메리는 "그리스도인이 되는 것에 대해 남편이 심각하게 고려해 보도록 제가 좀더 적극적이지 못한 것에 대해 죄책감을 느껴요"라고 말한다.

헌금은 혼자 교회에 나오는 그리스도인 아내들을 종종 불편하게 만든다. 자신의 수입이 없는 한 헌금을 하기는 어렵고, 그래서 늘 마음이 편치 못하고 죄의식마저 느낀다. 《그리스도인 가정》에서 믿지 않는 남편을 가진 그리스도인 아내들을 대상으로 실시한 조사에 따르면, 상당수의 사람들이 헌금하는 것에 대해 남편의 심한 반대에 부딪치고 있는 것으로 나타났다. '많은 남편들이 자기들의 수입으로 십일조를 할 준비가 되어 있지 않다는 것은 이해할 만하다'[6]라고 소개하고 있다. 그러나 그리스도인 아내들이 느끼는 죄책감은 여전하다. 왜냐하면 다른 사람들은 하나님의 사랑에 대한 반응으로 희생적인 헌금을 하고 있기 때문이다.

절망감

이 절망감은 남편과 함께 신앙 생활을 하지 못하는 아내들이 공통적으로 경험하는 것이다. 우리가 하나님을 개인적으로 알게 되면 시간이 흐름에 따라 '믿음'에 대해 이해하게 된다. 또 그 믿음이 우리의 생활 속에서 도움이 되는 것을 경험하면서 왜 다른 사람들이 그 믿음에 대해 듣고서도 하나님을 신뢰할 수 없는지를 이해하기는 쉽지 않다. 남편이 7년간이나 매주 일요일 아침마다 예배에 참석해 오면서도 그리스도인이 되지 못하는 것을 의아해 하는 웬디는 절망감을 느끼지 않을 수 없다. 소피는 남편과 공감대를 형성할 수 없기 때문에 절망감을 느낀다.신앙의 깊이가 다른 남편과 사는 수잔나는 자신의 절망감에 대해 이렇게 말한다.

> "남편이 하나님께 가까이 다가갈수록 제가 느끼는 절망감은 더 심해져요. 그러면 저는 그것은 제가 관여할 부분이 아니라, 단지 남편이 하나님의 때에 이른 것이라고 억지로 생각해요."

룻은 예수님이 얼마나 사랑이 많은 분이라는 것을 남편이 깨닫지 못하기 때문에 절망감을 느낀다고 한다. "격주로 주일 예배에 참석할 수밖에 없고, 다른 교회 행사에는 참여할 수가 없어요"라고 말하는 조앤이 느끼는 절망감은 상당히 실제적인 것이라 할 수 있다.

분노

계속 찾아드는 절망감은 삶에 깊은 영향을 미친다. 모든 것이 귀

찮아지고 화가 치미는 단계에까지 이르게 된다. 이런 화는 직접적
으로 자신의 배우자를 향한 것은 아니라 할지라도, 배우자와 함께
신앙 생활을 못하는 그리스도인들에게 실제로 찾아온다.

제니는 자신의 필요뿐 아니라, 남편의 필요도 생각하면서 기도로
이 문제를 해결해 나간다고 한다. 그러나 어떤 모임에 참석할 수 없
을 때 이런 분노가 불쑥 일어나기도 한다. 가정에서 일어나는 일들
때문에 화가 난다고 하는 베스는 다음과 같이 말한다.

> "남편은 제가 그리스도인이 된 후 제 삶이 변화되었다는 것과 그리
> 스도인 친구들을 가지게 되었다는 것에 질투심을 느끼고 있어요.
> 제가 아이들과 경건의 시간을 함께 나누는 것을 못마땅하게 생각
> 하고 아이들을 종교적인 틀 속에 가두지 말라고 말한답니다. 그리
> 고 자신의 생활 스타일은 전혀 바꾸려고 하지 않아요. 술과 친구
> 들, 그리고 자기 세계가 그에겐 너무나 소중한 것들이예요. 저는
> 이런 것들에 화가 나고 결국은 죄책감으로 시달리게 된답니다. 남
> 편은 제가 죄책감을 느끼도록 유도해요. 그러면 저는 하나님께로
> 이 모든 문제를 들고 가, 그 앞에 내려놓고 그분에게 기대려 합니
> 다. 그제서야 저는 남편을 용서하게 돼요."

조시는 특정한 일들에 대해 화를 내게 된다고 한다. 그녀는 이렇
게 말한다.

> "하나님 때문에 화가 날 때가 종종 있어요. 하나님의 때가 있음을

신뢰해야 하겠지만, 우리 부부 사이에 생기는 불화 때문에 하나님께서 원하시는 일을 잘 못하거든요. 이런 상황에는 특별한 목적이 있겠지만 전 아직 그걸 알 수가 없어요. 어쨌든 견뎌 보려고 노력은 하지만 뭔가 잘못되어 가는 것 같아요."

자기가 느끼는 화가 아니라 남편이 느끼게 되는 화를 해결해야 하는 캐슬린은 다음과 같이 말한다.

"교회에 가서 자리에 앉으려고 할 때면, 남편 존이 하나님을 믿지 않는다는 사실에 화가 나곤 했어요. 몇 년이 지난 지금은 가끔씩이라도 내가 교회에 참석할 수 있다는 사실에 만족할 수밖에 없어요. 어떤 때는 교회에 가고 싶지만 말 없이 화를 내는 남편과 집안에 감돌게 될 무거운 분위기 때문에 포기하고 말지요."[7]

소외감

그리스도인이 불신자와 결혼을 하면, 종종 교회와 가정에서의 고립을 함께 경험하게 된다. 교회 안에서 다른 사람들과 교제하기에도 애매한 입장에 처해 있는 자신들을 발견하게 되기 때문이다. 이런 상황에 대해서 수우는 다음과 같이 말한다.

"때때로 느끼는 단절감을 없애 보려고 주 중에는 구역 모임에 나가기 시작했어요."

몇 년 전까지는 남편과 함께 교회에 다니던 피오나는 혼자 교회에 다니게 되면서 사람들과의 관계에서 일어난 변화에 대해 다음과 같이 말하고 있다.

> "친구들을 잃게 된 어려움이 제일 컸어요. 우리 부부는 학생부의 교사로서 많은 일을 했어요. 그리고 휴일이면 아이들을 데리고 교회의 리더들과 함께 야외로 나가곤 했죠. 우리는 친교의 밤이라든가 예배 후 커피를 마시며 교제하는 일들을 주관했었는데, 이제는 모두 포기했어요. 더 이상 친교 모임에도 잘 가질 않아요. 그런 친교 모임에 가야지 다른 사람들과 교제가 이루어지는데 말이예요. 혼자 어떤 모임에 가는 것은 익숙치가 않아서, 이제는 모임에 가는 것이 상당히 제한되었어요. 예배 후에 잠시 커피를 마실 뿐이예요. 그것도 아들이나 며느리가 같이 있을 경우에나 그렇죠."

집에서도 그들은 자신에게 일어난 변화 때문에 배우자와의 관계에서도 많은 것들이 달라진 것을 보게 된다. 그리고 이것은 많은 어려움을 불러 올 수 있다. 이에 대해 캐슬린은 다음과 같이 말한다.

> "남편이 친구들과 어울리는 곳에 같이 가야 할 것인가를 놓고 오랫동안 고민해 왔어요. 술을 마시고 음담 패설을 하는 것이 싫거든요. 그리고 남편 친구들 눈에 저는 그저 흥을 깨는 사람으로만 보일 뿐이죠. 존도 그것을 힘들어 합니다."[8]

성적인 긴장

한 사람이 그리스도인이 되면, 그는 하나님의 마음을 알고 이해할 수 있게 된다. 하나님은 성경을 통해 우리를 위한 당신의 뜻을 알려 주신다. 그 속에서 우리는 성생활이 우리를 위한 하나님의 계획의 일부라는 것도 발견하게 된다. 아가서 2:3-17, 4:1-7, 잠언 5:18-19절 등은 좋은 예가 될 수 있다. 하나님은 결혼한 남녀를 하나로 묶어 주는 사랑의 표현으로 성관계를 부부 사이에만 제한하셨다. 그러므로 남녀가 성적인 교제를 나누면서 누리는 자유는 결혼의 테두리 안에서만 가능하다. 부부 중 한 사람이 그리스도인이 된 후, 그전에 배우자와 가졌던 성행위들 중 어떤 것에는 불편함을 느끼게 된다. 그래서 그런 불편을 느끼는 성적인 행동들을 중단하고 싶어 할 때, 배우자로부터 반감을 사게 된다.

슬픔

《그리스도인 가정》에 따르면 믿지 않는 배우자를 둔 그리스도인 부부들이 느끼는 가장 공통된 어려움은 자신에게 가장 중요한 사람과 풍성한 삶을 함께 나눌 수 없다는 것이다.[9] 부부가 서로 다른 입장에서 생각하기 때문에 함께 기도하며 의미 있는 결정을 내릴 수 없게 된다. 정말 슬픈 일이다. 그러나 이런 상황은 벌어지고 있으며 그 결과를 뻔히 아는 그리스도인 배우자는 크게 고통스러워 할 수밖에 없다. 많은 아내들이 이런 경험에 대해 말하고 있다. 레이첼은 이렇게 말한다.

"남편이 그리스도인이 아니라는 사실 때문에 가슴이 아파요. 그에
게 무슨 일이 생긴다면 그를 다시 만날 수 있을 거라는 확신이 없
어요. 그리스도인인 저는 예수 그리스도를 거절한 사람은 모두 영
원히 버림을 받게 된다는 것을 믿거든요."

남편이 그리스도인이 아니기 때문에 슬픔을 느끼는 아이린 역시
안타까워 한다.

"남편이 그리스도인이 되기만 한다면 우리 관계는 많이 달라질 거
예요. 전에는 알지 못하던 친밀감을 나눌 수 있을 텐데."

맥신은 그녀의 남편이 어둠의 세력에 매여 있고, 문제들을 해결
하기 위해 자신의 힘만을 의지하려고 하기 때문에 정말 슬프다고
하며, "그는 아주 어두워 보여요. 그래서 저는 하나님께서 그를 구
해 주시기를 간구하지요"라고 말한다.

또 어떤 아내는 자신의 남편으로 인한 자신의 슬픔에 대해 이렇
게 말한다. "남편은 자신감을 가지고 지금보다 훨씬 좋은 사람이 될
수 있을 거예요. 그 사람 아버지는 그가 아주 어릴 때 가족을 버리고
떠났다고 해요. 아버지 없이 자란 그에게 하나님께서는 분명 아버
지가 되어 주실 수 있을 텐데…."

결론
믿지 않는 남편과 함께 살고 있는 그리스도인 아내들은 정말 아

품이 많은 사람들이다. 린다 데이비스는 "교회 안에서 믿지 않는 남편을 둔 아내들보다 더 큰 아픔을 가지고 소외당하며, 도움을 필요로 하는 사람들은 없을 것이다"라고 주장했는데 일리가 있는 말이다.[10] 이제 우리는 끊임없이 고통을 당해야 하는 이 사람들이 느끼는 아픔이 어떤 영향을 미치게 되는지를 알아야 한다.

N·O·T·E·S

1. Lawrence J Crabb, *The Marriage Builder* (Navpress:New Malden, 1987), p 18.
2. *ibid*, p 17.
3. Sandra Carter, 'Conflict of Faith', *Christian Family*(March 1991): p 14.
4. Derek and Lilian Cook, video *Husbands and the Kingdom* (Maranatha Ministries:Kirkby Stephen, 1992), tape 1.
5. Carter, *op cit*, p 14.
6. Lilian Cook, What daes your partner think about your Faith? Part 2: Husbands and their Reactions', *Christian Family* (May 1992), p 14.
7. Carter, *op cit*, p 14.
8. *ibid*, p 14.
9. Lilian Cook, *op cit*, p 14
10. Linda Davis, *How to be the Happy Wife of an Unsaved Husband* (Whitaker:Springdale), p 142.

2장
현재의 상황이 당신에게 미치는 영향은?

당신은 지금 전혀 이겨낼 수 없는 어떤 상황에 처해 있거나, 깊이 생각했다면 절대로 선택하지 않았을 그런 상황에 빠져 있다고 생각하는가? 아니면 하나님과 남편 모두를 사랑하고 소중하게 생각하는데 남편이 하나님에 대해 적대적이라고 생각하는가? 그래서 이 일이 언제 끝나게 될지, 그 때까지 어떻게 견뎌야 할지 고민하고 있거나, 정말 끝까지 견딜 수 있을지 확신하지 못한 채 지내고 있을 수도 있다. 이런 생각과 의혹이 찾아올 때, 당신은 자신과 배우자와 가족들에게 해가 될 수도 있다는 사실에 대해 경계해야 한다. 남편과의 사이에 생긴 불화의 씨가 어떤 것이든 이 사실은 반드시 적용된다. 그리고 그 불화가 신앙과 같이 중요한 영역에 속한 것이라면, 자신과 가장 가까운 사람들에게는 치명적인 영향을 미치게 된다.

이 장에서는 이런 위험들에 대해 살펴보고자 한다. 물론 여기서 다루는 문제들이 모두 당신에게 적용되는 것은 아니겠지만, 당신과 같은 처지에 놓여 있는 아내들이 일반적으로 경험하는 문제와 위험이 어떤 것인지를 알아보는 것은 필요하다.

1. 당신의 영적 성장이 방해받을 수 있다

어려운 상황에 처할 때 사람들이 나타내는 반응은 다양하다. 어떤 사람들은 육체적, 정신적 또는 영적으로 그들이 마음 속에 품고 있던 모든 생각을 동원해 상대와 싸운다.

또 어떤 사람들은 어려움이 가중되면 스스로 무너져 버리고 만다. 바울 사도가 골로새서 4장 14절에서 데마에 대해 언급했을 때, 데마는 하나님 편에 굳게 서 있었다. 그러나 바울이 디모데후서를 쓸 때, 데마는 믿음을 저버린 사람이 되어 있었다(딤후 4:10). 데마는 '세상을 사랑했기 때문에' 바울을 떠난 것으로 보인다.

믿지 않는 남편들을 가진 그리스도인 아내들 중 어떤 사람들은 그들이 견뎌야 하는 고통 때문에 신앙이 흔들리는 것을 경험한다. 그리스도인이기 때문에 심한 어려움을 견뎌야만 하는 수우는 자신이 그리스도인으로서 성장을 멈춘 듯한 느낌을 받는다고 한다. 예수님을 믿지는 않지만 아내의 신앙을 용납해 주는 남편을 가진 애니는 다음과 같이 말한다.

"남편이 무엇을 원하는지 알고 있고 또 같이 있는 시간이 충분하지 못하다는 생각 때문에, 남편을 집에 두고 나가는 것이 어렵게 느껴져요. 그래서 그리스도인으로서 동참해야 할 일들을 하지 못하는 경우가 많아지게 되었어요. 그러다 보니 남편이 절 막고 서 있는 것처럼 느껴지곤 해요. 어떤 면에서 보면 전 남편과 하나님 사이에서 갈팡질팡하고 있어요."

어떤 아내들은 가정에서 신앙적인 중립을 유지해야 된다고 생각한다. 그런데 이런 생각이 그들의 영적 생활에 미치는 영향을 보게 된다. 재니스의 경험이 이것을 잘 설명해 준다. 그녀는 집에서 보는 TV와 비디오 프로그램, 그리고 거친 언어의 사용과 성관계 등에 어려움을 느꼈다. 남편은 너무나 다른 배경과 사고를 가진 사람이었다. 그녀의 남편에게 있어서 성관계는 그 무엇보다도 중요한 것처럼 보였다. 이런 환경 속에서 그녀는 너무 까다롭지 않게 적당히 문제들을 해결해 나가려고 했지만, 결국 이런 태도는 하나님과의 교제에 어려움을 가져다 주었다.

2. 남편과의 사이가 눈에 띄게 멀어진다

앞에서 보았듯이, 그리스도인 아내들은 종종 믿지 않는 남편과 하나님 사이에서 갈팡질팡하며 어려움을 느낀다. 자신이 갖게 된 신앙 때문에 남편과의 관계가 멀어지게 되었다고 느끼기도 한다. 그리고 더 유감스러운 것은 이런 어려운 상황이 당분간은 개선되지 않는다는 것이다. 사도 바울은 그리스도인들은 믿지 않는 사람과 결혼해서는 안 된다고 가르친다.

그의 논리는 간단하다. 그는 그것을 몇 개의 질문을 통해 설명한다. 의와 불법이 어찌 함께하며, 빛과 어두움이 어찌 사귀며, 그리스도와 벨리알이 어찌 조화되며, 믿는 자와 믿지 않는 자가 어찌 상관하며, 하나님의 성전과 우상이 어찌 일치가 되리요?(고후 2:14-16). 우리가 원하든 원하지 않든, 거듭난 그리스도인과 믿지 않는 사람 사이에는 거리가 있을 수밖에 없다. 사도 바울의 말을 인용해 보자.

> 우리가 믿음으로 의롭다 하심을 얻었은즉 우리 주 예수 그리스도
> 로 말미암아 하나님으로 더불어 화평을 누리자 또한 그로 말미암
> 아 우리가 믿음으로 서 있는 이 은혜에 들어감을 얻었으며 하나님
> 의 영광을 바라고 즐거워하느니라(롬 5:1-2).

죄의 용서와 영생 그리고 성령을 하나님의 선물로 받아들인 사람들은 현저한 변화를 경험한다. 이런 경험을 한 사람들은 하나님에 의해 변화된 삶을 살지 못하는 사람들과는 분명히 다르다. 마리온은 그리스도인이 된 후 남편과의 관계에서 일어난 변화에 대해 이렇게 말한다.

> "우리 사이는 점점 더 멀어졌어요. 제 믿음을 남편과 나눌 수가 없
> 어요. 우리는 점점 각자의 길로 갔고 같이 지내는 시간도 갈수록
> 줄고 있어요. 이런 상황을 놓고 기도를 많이 하지요. 기도가 도움
> 이 되긴 하지만, 우리가 이미 얼마나 멀어져 있는지를 보게 될 때
> 정말 화가 나요."

3. 교회에서 일심히 섬기기가 힘들게 된다

'잃어 버린 양' 이라는 제목으로 실시한 설문 조사 결과에서 밝혔듯이, 설문에 응답한 사람들의 10퍼센트 정도가 남편과의 관계에서

생겨나는 갈등을 피하기 위해 교회 가는 것을 포기했다.[1] 비극적인 일이지만 이해할 수는 있다. 끊임없이 가혹하게 다가오는 긴장 관계는 우리를 지치게 하고 한계를 느끼게 한다. 때때로 집안에서 느끼는 이런 갈등은 아내들을 교회에서 떠나게 한다. 설혹 교회를 떠나지는 않더라도 교회에서 멀어지게 만든다. 이런 경험을 하고 있는 앨리슨은 이렇게 말한다.

> "남편은 제가 교회 활동에 참여하는 것을 원하지 않아요. 저는 그 요구를 들어줄 수밖에 없구요. 그래서 많은 시간을 줄였어요. 영아부에서 서기를 맡고 있어도 교회에 정기적으로 참석을 못해요. 가족들과 일요일을 함께 보내야 할 것 같아서요."

믿지 않는 남편을 둔 그리스도인 아내가 교회를 떠나게 되는 또 다른 경우는, 교회 내에서 너무 자주 고립되거나 너무 오랫동안 소외되고 있다고 느낄 때이다. 교제권 안에서 서먹서먹하게 느껴지고 가장 도움이 필요할 때 아무도 다가와 주지 않는다고 생각되면, 그녀는 교회를 떠난다 해도 별로 문제가 없을 것이라는 결론을 내린다.

4. 결혼 생활에 유혹이 올 수도 있다

그리스도인이 된 아내가 하나님과 교회에서 만나는 사람들과의 풍성한 교제를 경험하게 되면, 남편과의 관계에 대해 생각이 달라질 수 있다. 남편을 대하는 것이 교회 안에서 다른 친구들을 대하는 것보다 훨씬 더 힘들게 여겨질 수 있는 것이다. 그래서 결혼 생활이 공허하고 별 의미가 없어 보이며 고독하다고 느낀다. 룻은 유혹이 어떻게 찾아올 수 있는가에 대해 이렇게 설명한다.

> "남편과 다툰 후에, 혹은 남편이 이해해 주지 못할 때라든가, 말이 통하지 않을 때 다른 사람 생각을 하게 되죠. 평소에 이상적으로 보였던 사람(Mr. Perfect)이 장미빛 안경을 통해 눈에 들어오게 되지요. 그 사람은 신실하게 신앙 생활을 하고 있고, 예수님과 개인적인 교제를 나눌 뿐 아니라 예수님을 위해 사는 사람이구요. 그리고 그는 영적인 대화에 귀를 기울이며, 상대의 영적이고 감정적인 필요들을 채워 줄 수 있는 그런 사람이예요."

상당히 위험한 상황에까지 이르게 된 이러한 경우에 대해, 린다 데이비스는 다음과 같이 요약하고 있다.

> 사탄은 그리스도인 아내들을 유혹하기 위해 무시무시한 화살들을 많이 사용하는데, 그 중 외로움이라는 화살이 가장 잘 사용되는 것이다. 믿지 않는 남편을 가진 아내는 남편이 바로 옆에 앉아 있을 때조차도 그리스도인 친구와의 영적인 교제에 대한 갈증을 느끼며 심한 외로움을 느낀다.[2]

성경은 십계명을 통해 부정한 관계를 금하고 있을 뿐 아니라(출

20:14), 하나님의 백성들이 이런 식으로 죄를 짓는 것에 대해 하나님께서 느끼는 분노와 아픔을 드러내고 있다(삼하 11-12장).

영적인 교제에 대한 필요 때문에 특정한 어떤 사람과의 친밀한 관계가 우리에게 강한 매력으로 다가올 수도 있다. 그러나 장기적으로 볼 때 이런 관계는 만족보다는 결국 고통을 가져다 줄 것이다. 이것은 결혼 서약을 깨고 하나님께 불순종하는 것일뿐 아니라, 가족과 교회에 큰 상처를 남기게 된다. 그리고 그리스도를 위한 증인으로서의 우리의 삶을 크게 손상시키게 된다. 다행히도 룻은 그 이상적으로 보이던 사람(Mr. Perfect)을 만나게 되었을 때 다시 정신을 차릴 수 있었다. 그녀는 이렇게 말한다.

"우리는 거짓말쟁이이며 거짓의 아비인 사탄을 상대하고 있는 거예요. 다른 남자를 찾는 것은 문제를 쉬운 방법으로 해결해 보려는 탈출구에 불과해요. 쉽게 해결하려면 신경 쓸 필요가 뭐가 있겠어요? 그냥 다 치워 버리고 다시 시작하지. 아마 '좀더 기다렸더라면 이런 사람을 만날 수 있었을텐데' 혹은 '이 사람이 정말 나에게 맞는 사람인데' 라고 생각할지도 모르지만, 이런 은밀한 생각까지도 하나님은 아시기 때문에 계속해서는 안 되지요. 바로 끊어야 해요. 다른 사람에게 고백하는 것이 도움이 되지요. 그러나 절대로 남편에게는 하지 마세요. 너무 큰 상처가 될 수도 있고, 또 결혼 생활을 망치는 요인이 될 수도 있으니까요. 믿을 수 있는 친구에게는 얼마든지 말할 수 있을 거예요. 아무에게도 말할 수 없을 경우라도 하나님께는 할 수 있지요."

5. 불행해질 수도 있다

성경에서는 한 사람이 그리스도인이 되면, 하나님께서는 성령을 그에게 보내신다(행 2:38)고 가르치고 있다. 사도 바울은 성령의 열매 중 하나로 '기쁨'을 들고 있다(갈 5:22). 모든 그리스도인이 예수님을 알고 믿는 것을 통해 내적 기쁨을 느끼는 것은 하나님의 뜻이다. 이것은 말하기는 쉽지만 믿지 않는 배우자 때문에 끊임없이 고통을 겪어야 하는 사람들에게는 결코 쉬운 일이 아니다.

바울 사도는 결혼에 관해 고린도 교회의 성도들에게 권면하면서, "빛과 어두움이 어찌 사귀며,…믿는 자와 믿지 않는 자가 어찌 상관하는가?(고후 6:14-15)"라고 묻고 있다. 그는 일단 부부 중 한 사람이 그리스도인이 되면 두 사람 사이에 불화가 생기게 될 것이라는 사실을 알았다. 만일 한 사람이 진정으로 그리스도를 따라 살고자 한다면, 둘 사이의 오해와 갈등은 거의 불가피한 일이다.

전에는 행복하고 안정되었던 결혼 생활이 한 사람이 그리스도인이 된 이후 그렇지 못하게 된다는 것은 정말 슬픈 결과이다. 두 사람 모두 그들의 결혼 생활이 이전처럼 행복하지 못할 뿐 아니라, 서로 다른 의견 때문에 훨씬 더 긴장되어 있다. 마가렛은 정말 남편의 철저한 오해를 감수해야 한다.

"남편은 교회라면 치를 떨어요. 제가 자기보다 다른 사람을 더 사랑하기 때문이라는 거예요. 그는 하나님께 대한 제 사랑이 자기를

향한 사랑과 다른 차원의 것이란 걸 이해하지 못해요. 사실 하나님
께 대한 제 사랑이 우리의 사랑을 방해하는 것이 아니라 더 풍성하
게 만들어 주는데 말이예요."

질리안도 거의 같은 경험을 하고 있다. 그녀는 이렇게 말한다.

"남편은 갑자기 제게 왜 하나님과 다른 그리스도인 친구들이 필요
한 지 도무지 이해하지 못하겠다고 해요. 자기는 하나님을 믿지 않
겠다고 말하구요. 그리고 기독교에 대해서는 듣고 싶지 않다고 딱
잘라 버려요. 제가 교회에 가거나 주일 학교에서 가르치는 것에 대
해 허락하고는 있지만, 사실은 몹시 화를 내고 있어요. 일종의 질
투심 같은 거라고 할 수 있죠. 교회에 제 친구들이 있다는 것이 불
만이예요. 제 시간과 정성을 자기에게만 쏟아 주어야 한다고 생각
하거든요."

아이린은 보다 실제적인 어려움에 대해 다음과 같이 말한다.

"전에는 남편이랑 술도 마시러 다니곤 했어요. 지금은 더 이상 가
고 싶지 않아요. 땀내가 나고 시끄럽고 담배 연기가 자욱한 곳은
더 이상 제게 즐거운 곳이 아니거든요."

이런 문제들에 대한 간단한 대답은 없다. 그리고 그리스도인들은
어쩌면 이런 고통을 계속해서 안고 살아야 할지도 모른다.

6. 결혼 생활이 깨어질 수도 있다

부부 중 한 사람만 그리스도인인 경우에도 대부분의 가정은 유지된다. 그러나 그렇지 못한 경우도 있다.

바울 사도는 이런 상황이 벌어지리라는 것을 알고 있었다. 그리고 고린도 교회 내에서 실제로 이런 일들이 일어나고 있었다. 어떤 부부들은 헤어지게 된 상태까지 와 있다는 것을 알았지만, 그는 가정이 깨어지지 않도록 권고하는 것을 그의 가르침의 목표로 삼고 다음과 같이 권면하고 있다.

> 만일 어떤 형제에게 믿지 아니하는 아내가 있어 남편과 함께 살기를 좋아하거든 저를 버리지 말며, 어떤 여자에게 믿지 아니하는 남편이 있어 아내와 함께 살기를 좋아하거든 그 남편을 버리지 말라 (고전 7:12-13).

때로는 믿지 않는 배우자 편에서 더 이상 참을 수 없다고 느낀다. 최근에 믿음을 갖게 된 배우자가 너무나 달라져 버렸기 때문에, 낯선 사람과 살고 있는 것처럼 느끼게 된다. 물론 새로 거듭난 사람이 좀더 그리스도를 닮은 성숙한 모습을 보여 줄 수 있다면 좋겠지만, 어쨌든 배우자에게는 엄청난 충격이다. 그러나 배우자들이 먼저 느끼는 것은 생활 방식에 있어서 일어나는 변화이다. 전에는 집안을 사랑스럽게 지키던 아내가 밤마다 교회 행사로 집을 비운다면, 그 어떤 남편도 좋아하지는 않을 것이다. 정상적이던 생활이 뒤바뀌는

것은 두렵고 위태로운 일이다. 만일 아내가 남편의 경고나 심지어
는 협박조차 귀담아 듣지 않는다면, 헤어지는 길밖에는 없다고 생
각하게 된다. 잠깐 헤어졌다가 화해할 수는 있겠지만, 이 때부터 이
미 부부 관계는 금이 가고, 결국 머지않아 합법적인 별거나 이혼을
위한 공식적인 절차들을 밟게 되는 것을 많이 보게 된다. 리즈를 위
협하고 있는 경우를 보도록 하자. 그녀는 이렇게 말한다.

"남편은 제가 그리스도께 헌신하는 것에 대해 질투를 느끼고 화를
내요. 그는 자기가 버림을 받았다고 느끼는 거예요. 전에는 제가
가끔씩 교회에 나가는 것에 대해 전혀 신경을 쓰지 않았어요. 제가
별로 열심을 내지 않았을 때는 남편도 별로 위협을 느끼지 않았던
것 같아요. 그런데 지금 주님께 대한 제 헌신이 진지해 진 것을 보
고는 못견뎌해요. 그리고 기회만 있으면 터트리구요. 헤어지자, 이
혼하자고 하면서 협박을 해오고, 심지어는 폭력을 쓰기도 해요. 술
을 마시고는 목사님들에게 전화를 하는데, 특히 여자 목사님에게
천박한 말로 한 시간씩이나 떠들어대면서 은근히 그것을 즐기지
요. 요즘은 욕지거리를 해대며 종교에 관한 것이라면 한 마디도 들
으려고 하질 않아요."

유감스럽게도 스테파니는 현재 남편과 헤어져 살고 있다. 남편이
중요하게 생각하는 것이 그녀와 너무나 다르기 때문이다.

"남편은 야망, 성공, 독립 같은 것을 중요하게 생각하고 언제나 자

기가 최고가 되어야 직성이 풀리는 사람이예요. 아이들을 술집에 데려가기도 하지요. 우리가 헤어지기 전에 세 가지 문제로 다투었어요. 남편은 제가 성경을 읽고 기독교 음악을 들으며 찬양하는 것을 싫어했어요. 그리고 모든 그리스도인들을 미워하면서 집에 찾아오는 것조차도 싫어했구요. 주일날이면 남편은 아이들과 함께 집에 있기를 원했고, 저는 아이들을 데리고 교회에 가고 싶어했죠.”

7. 자녀들이 영향받을 수 있다

자신감있고 안정적인 성인이 되기 위해서, 어린이들은 많은 사랑과 보호를 받으며 자라야 된다는 것은 이미 잘 알려진 사실이다. 부모와 부모의 행동 및 자녀가 느끼는 부모 사이의 관계는 아이들에게 영향을 미치는 요소가 된다. 성장 과정에 있는 아이들은 이런 것을 보고 배우며, 받아들이기도 하고, 거부하기도 하면서 자기 개발을 위해 수백 가지의 다양한 방법을 사용한다.[3]

신앙이나 교회 생활에 대한 부부 사이의 의견 차이가 아이들에게 좋지 않은 영향을 미칠 수 있다는 것은 아이들을 책임 있게 키우려고 최선을 다하는 부모에게는 상당한 충격이 될 수 있다. 우리들 중에는 현실을 외면하면서 심각한 문제가 있음에도 그저 잘 될 거라는 막연한 기대 속에서 예전 방식대로 살아가는 사람들도 있다. 때로는 아이들을 잘 키우려는 좋은 의도를 가진 부모들조차 이런 태도를 가진다. 그래서 부부 사이의 신앙 문제가 장기적으로 자녀들에게 미칠 영향에 대해 별로 생각하지 않는다.

다음의 네 명의 아내들의 경우와 같이 실제로 온갖 종류의 어려움이 다 생겨난다. 소피와 그녀의 남편은 아이들을 주일 학교에 보내기로 했다. 그러나 아이들의 질문에 대한 소피의 대답에 남편은 코웃음을 쳤다. 아버지의 이런 모습에 대해서는 어떻게 느끼는지 잘 알 수 없지만 아이들은 "왜 아빠는 예수님을 사랑하지 않는 거죠?"라고 묻는다. 질의 남편은 청소년 축구팀의 팀장인데, 그 팀은 언제나 일요일 아침에 시합을 가진다. 그래서 그 팀의 선수로 활약을 하고 있는 아들은 교회 대신에 시합을 하러 경기장으로 간다. 그래서 아이들은 주일이 남자들은 축구장으로 가고, 여자들은 교회로 가는 날이라고 생각하게 되었다.

조앤의 남편은 아들 앞에서 아내가 교회 가는 것에 대해 면박을 줄 뿐 아니라, 아들에게는 아빠랑 집에서 손수레를 타고 놀자면서 교회 가는 것을 막는다. 데보라는 남편이 이제 십대가 된 아이들에게 세상적인 것들에 익숙해 지도록 가르치고 있기 때문에 염려하고 있다. 남편은 술을 마시고 얼마나 신나게 놀았는지를 아이들 앞에서 자랑스럽게 이야기 하기 때문에 아이들이 술을 마시고 마약에 취해 아무 데서나 자게 될까 봐 염려하고 있다.

8. 영적인 혜택을 누리지 못할 수도 있다

남편과 믿음 생활을 함께 할 수 없는 아내들은 무엇을 놓치고 있는지 스스로 안다. 그들은 교회 예배와 구역 모임에 매주 갈 수 없음을 알고 있다. 그리스도인 남편을 둔 아내들은 교회 행사를 위해 미리 계획을 세우고 있다는 것도 알고 있다. 그리고 믿지 않는 남편이 교회 행사에 가지 않을 것이기 때문에 자신들도 참여할 수 없음을 알고 있다. 다른 사람들은 즐겁게 참여하며 유익을 얻는 모임에 자유롭게 참여할 수 없다면, 우리는 상당히 안타까움을 느낄 것이다. 그러나 우리는 그리스도인의 믿음은 희생을 수반하는 것이라는 것을 결코 잊어서는 안 될 것이다. 하나님 아버지는 그의 아들을 내어 주셨고 예수님은 생명을 바치셨다. 그리고 사도 바울과 초대 그리스도인들은 복음을 듣지 못한 사람들을 위해 그들의 자유를 희생하였다. 그리스도를 따르는 제자는 고통과 불이익을 감수해야 한다고 성경은 분명히 가르치고 있다. 그러나 하나님은 우리가 그분을 위해 당하는 고통에 대하여 보상해 주신다. 희생을 잘 감당할 때, 우리는 그리스도인으로서 한 걸음 더 성숙하게 되며, 하나님은 원망하지 않으며 적극적인 자세를 가지고 나아가는 자에게 복을 주시는 분이심을 경험하게 된다.

9. 교회가 문제를 더 어렵게 만들 수도 있다

교회의 지체들은 교제권 안에 있는 다른 지체들을 고의적으로 힘들게 하지는 않는다. 그러나 유감스럽게도 어떤 사람들은 이런 일이 일어나고 있다고 느낀다. 그리스도인 아내들은 예수님을 믿지 않는 남편이 믿음을 갖게 되는 일에 교회가 별로 도움이 되지 않는다고 생각한다. 캐슬린은 그녀의 남편이 처음 교회에 갔을 때 경험했던 일에 대해 이렇게 말했다.

"남편은 교회의 장년부 모임에 등록하라는 요구를 받았어요. 그리
고 우리가 양자로 삼을 아들을 처음 교회에 데리고 갔을 때는, 두
할머니가 그 아이 때문에 골치가 아프다고 투덜거렸어요."

교회 안에 아무도 자기 남편에게 친절을 베풀며 친구가 되어 주
려는 사람이 없다는 것에 대해 이미 화가 나 있던 스테파니는 예수
님을 믿지 않는 남편들을 참석하지 못하게 한 어떤 결혼식에 대해
"정말 너무 한다구요!"라고 반응했다. 질리안은 다음과 같이 지난
일을 회상했다.

"몇 년 전 우리는 한 그리스도인 부부와 함께 식사를 하러 나갔어
요. 그런데 그 남편은 우리가 다니고 있던 교회에 대해 무척 비판
적이었고, 교회의 잘못을 지적하면서 저녁 시간을 다 보냈어요. 집
으로 돌아오는 길에 남편은 그리스도인들이 서로 잘 지내는 줄 알
았다고 말하는 것이었어요."

밸러리의 경우는 좀 다르다.

"제가 교회에 처음 나가게 되었을 때, 어떤 사람이 저희 집을 방문
했어요. 그 일로 남편은 우리가 강요당하고 있다면서 짜증을 냈어
요."

마가렛의 문제는 몇 년 전 교회가 갈라지고 약 반수 가량의 사람들이 목사와 함께 교회를 나가 새로운 교회를 시작하게 되었을 때 생겨났다.

"교회의 분열로 많은 사람들의 마음이 상해 있었어요. 자연히 교회 안에 말이 많아지고 남편은 그런 소문들을 들으며 은근히 그것을 즐겼어요. 전 그런 소문들에 대해 남편에게 아무 말도 하지 않았는데, 그것 때문에 오히려 우리 두 사람 사이에 문제가 생기게 되었어요."

이런 경우를 접하면서, 우리는 교회와 그리스도인들이 아직도 얼마나 불완전한가를 알게 된다. 다른 사람들을 그리스도께로 이끌도록 의도된 공동체가 때로는 전혀 반대되는 일을 하기도 한다. 이것은 믿지 않은 배우자를 가진 사람들에게 극심한 좌절감의 원인이 될 수 있으며 분노와 원망을 자아내게 할 수도 있다. 때로는 수년간 집안에서 묵묵히 보여 주었던 그리스도인으로서의 좋은 영향이 순식간에 수포로 돌아갈 수도 있기 때문이다. 이런 일이 일어나게 되면 그녀는 정말 누구를 의지할 수 있겠는가?

결론

우리는 정직해야 할 필요가 있다. 함께 신앙 생활을 할 수 없는 배우자와 같이 산다는 것은 쉬운 일이 아니다. 당신 자신에게 그리고 배우자나 가족에게 미치는 영향을 극복하기는 정말 어려울 수도 있다. 아픔과 상처와 고난을 참아야 된다.

　지금까지 우리는 이런 상황이 얼마나 어려운 것인지를 살펴보았
는데, 이제 하나님께서 이런 상황에 있는 당신을 어떻게 도와 주시
는지를 살펴보도록 하자.

N·O·T·E·S

1. Michael J Fanstone, *The Sheep That Got Away* (Monarch: Tunbridge Wells, 1993), p 62.
2. Linda Davis, *How to be the Happy Wife of an Unsaved Husband* (Whitaker: Springdale), pp 65-66.
3. D.W. Winnicott, *The Child, the Family, and the Outside World* (Penguin Books:Harmondsworth, 1964), p 180.

3장
하나님의 도우심을 보라

믿지 않는 배우자와 산다는 것은 매우 힘들다. 고통이 생활의 일부로 자리잡게 된다. 성경은 그리스도인들에게 이 땅에서의 삶이 쉬울 것이라고 약속하지 않는다. 믿지 않는 다른 사람들과 마찬가지로 어려운 삶을 살 수도 있다. 그러나 믿지 않는 사람이 가질 수 없는 분명한 유익이 있는데, 그것은 어려운 시기에 하나님의 능력과 도움을 경험한다는 것이다.

이 장에서는 우리가 고통을 당할 때 하나님께서 도우시는 다양한 방법들에 대해 알아볼 것이다. 하나님은 우리의 필요를 직접적으로 채워 주시는 놀라운 능력을 갖고 계신다.

1. 하나님은 늘 당신에게 귀를 기울이신다

우리가 도움을 필요로 할 때마다 친구들이 늘 우리 곁에 있을 수는 없다. 그러나 하나님은 우리가 어떤 심각한 위기 상황에 있다 할지라도 도움을 요청할 수 있는 분이시다. 돌아다니느라 너무 바쁘거나 아니면 자고 있을 것이라고 엘리야가 비웃었던 가나안 신인 바알과는(왕상 18:27) 달리, 우리의 하나님은 당신을 신뢰하는 사람들에게 늘 가까이 계신다.

성경은 우리가 필요로 할 때마다 하나님을 부르도록 권면하고 있다. 시편 30편에서 기자는 자신이 '음부'와 '무덤'에 거하며, 마치 하나님께서 그를 외면하는 듯한 고통을 맛보고 있음을 호소하고 있다. 그러나 그가 하나님께 도움을 청했을 때 하나님은 들으시고 그를 고쳐 주셨으며, 그의 슬픔이 변하여 춤이 되게 하시며, 그를 기쁨으로 옷 입혀 주셨다고 노래한다.

즉 하나님은 고통 속에서 울부짖는 우리의 부르짖음을 들으실 뿐 아니라, 우리의 힘만으로는 그 고통을 감당할 수 없음을 아시고 하나님을 신뢰할 때마다 우리를 곤경에서 건져 주신다는 것이다. 가정 생활에서나 교회 생활에서 당신 혼자 문제를 해결해야 하기 때문에 어려움을 느낄 때, 하나님은 함께 하셔서 당신의 기도를 들으실 것이다. "내가 부를 때에 주께서 들으시리로다"(시 4:3) 라고 노래한 시편 기자의 확신을 당신도 가질 수 있다.

2. 하나님은 당신의 고통에 함께 하신다

부부가 중요한 일로 다투게 될 때 가정 생활은 어렵게 된다. 그러나 믿음을 지키기 위해 싸워야 할 경우, 하나님께서 함께 하시며 우리를 도우신다. 우리가 느끼는 분노와 낙심과 고통을 하나님 앞에 쏟아 놓을 수 있을 뿐 아니라, 하나님께서는 우리를 이해하시며, 사랑하시고, 돌보고 계신다는 확신을 가질 수 있다(벧전 5:7).

그리고 다른 사람들에게 우리의 사정을 이야기할 때는 조심해야 하지만 하나님께는 정직하고 있는 그대로 드러낼 수 있는 것이 특별한 선물이다. 그 자체 만으로도 우리는 엄청나게 자유로워질 수 있는 것이다. 시편 기자는 자신의 고통을 하나님 앞에 아주 솔직하게 표현하는 좋은 본을 보였다.

> 주여 나는 외롭고 괴롭사오니 내게 돌이키사 나를 긍휼히 여기소
> 서. 내 마음의 근심이 많사오니 나를 곤란에서 끌어내소서
> (시 25:16-17).

> 여호와여 나는 곤고하고 궁핍하오니 귀를 기울여 내게 응답하소
> 서. 나는 경건하오니 내 영혼을 보존하소서. 내 주 하나님이여, 주
> 를 의지하는 종을 구원하소서(시 86:1-2).

자신의 고통과 좌절감을 하나님께 아뢰고 난 후, 하나님의 사랑과 신실하심을 경험하게 된 많은 사람들이 있다. 헬렌은 자신이 경험한 하나님의 도우심을 이렇게 고백한다.

> "저는 남편과 이야기할 때, 저의 신앙에 대해 조금씩 자유롭게 언
> 급할 수 있긴 하지만 아직도 남편은 그리 좋게 생각하지는 않아요.
> 제가 교회에 나가는 것까지는 별로 상관하지 않지만 여기저기 교
> 회 일에 참여하는 것은 원하지 않거든요. 언젠가 한 성가대가 우리

교회에서 전도 집회를 가졌을 때, 남편은 제가 전도지를 나누어 주는 일은 절대로 하지 못하도록 막았어요. 전 남편과의 약속을 어기지 않으면서도 기회가 되는 대로 만나는 사람들을 초대했고, 그 중 6명이 집회에 참석할 수 있었어요. 하나님은 항상 자신의 방법을 사용하세요."

여기서 말해 주고 싶은 중요한 것은, 하나님은 당신에게도 이와 같이 상황을 극복할 수 있는 능력과 지혜를 주신다는 것이다.

3. 하나님은 당신에게 용기를 주신다

성경은 남편과 함께 신앙 생활을 할 수 없는 아내들이 공통적으로 경험하게 되는 슬픔에 대해 하나님은 잘 알고 계신다는 것을 보여 준다. 그 이유는 간단하다. 하나님도 그 슬픔을 겪고 계시기 때문이다. 호세아서는 하나님의 백성이 그들을 위해 행하신 하나님의 모든 일에도 불구하고, 하나님을 저버린 것에 대해 슬퍼하시는 하나님의 모습을 특별히 잘 보여 준다.

이스라엘의 어렸을 때에 내가 사랑하여 내 아들을 애굽에서 불러 내었거늘 선지자들이 저희를 부를수록 저희가 점점 멀리하고, 바알들에게 제사하며, 아로 새긴 우상 앞에서 분향하였느니라. 그러나 내가 에브라임에게 걸음을 가르치고 내 팔로 안을지라도 내가 저희를 고치는 줄을 저희가 알지 못하였도다. 에브라임이여 내가

어찌 너를 놓겠느냐 이스라엘이여 내가 어찌 너를 버리겠느냐 내
가 어찌 너를 아드마같이 놓겠느냐 어찌 너를 스보임같이 두겠느
냐 내 마음이 내 속에서 돌아서 나의 긍휼이 온전히 불붙듯 하도다
(호 11:1-3, 8).

예수님도 공생애 기간 동안 슬픔을 경험하셨다. 열두 제자 중의
하나인 가룟 유다가 돈을 위해 배신했을 때(마 26:14-16), 붙잡힌 예
수님을 버려두고 모든 제자들이 도망갔을 때(마 26:56), 그리고 시
몬 베드로가 세 번씩이나 모른다고 부인했을 때(마26:69-75) 몹시
슬퍼하셨다. 우리가 바람직하지 못한 상황에 처해 있을 때, 특히 가
장 소중한 사람인 배우자와 관련되어 있기 때문에, 우리는 슬퍼할
수밖에 없다는 것을 하나님은 이해하신다. 그뿐 아니라, 하나님은
우리를 위한 특별한 계획을 갖고 계신다. 예수님이 이 땅에 오시기
수백 년 전에, 이사야 선지자는 예수님 자신과 예수님께서 오셔서
하실 일에 대해 예언하셨다.

주 여호와의 신이 내게 임하셨으니 이는 여호와께서 내게 기름을
부으사 가난한 자에게 아름다운 소식을 전하게 하려 하심이라. 나
를 보내사 마음이 상한 자를 고치며…(사 61:1, 참고 눅 4:18).

4. 하나님은 당신을 강하게 하신다

우리가 인간적으로 문제를 해결할 수 없을 때, 하나님의 능력이

엄청난 변화를 가져다 줄 수 있다. 바울 사도는 육체의 가시로 인해 고통을 받았는데, 그는 이것을 '내가 … 너무 자만하지 않게 하시려고 … 사탄의 사자를 주셨으니' 라고 묘사하고 있다(고후 12:7). 그는 이 가시로 인해 하나님의 능력이 약할 때 온전하게 나타날 수 있음을 깨닫게 되었다(고후 12:9). 그리고 계속해서 "내가 약할 그 때에 곧 강함이라"(고후 12:10)고 말하며 핍박과 고난 속에서도 기뻐한다고 말한다. 어려운 시기에 하나님의 사랑과 도우심을 찬양하는 많은 성경 구절에서 당신은 새로운 확신을 얻을 수 있다.

하나님은 이스라엘의 새로운 지도자가 된 여호수아에게 함께 하시겠다고 약속하셨다(수1:5). 기드온에게도 그가 하나님의 백성들을 이끌고 전쟁터에 나갈 때 도움이 되어 주실 것을 약속하셨다(삿 6:16). 이 두 경우 모두 하나님은 약속을 지키셨다. 시편 28편의 기자는 '여호와는 나의 힘' 이시며 '그 백성의 능력' 이 되신다고 고백하고 있다. 그보다 훨씬 후에, 주님을 섬기기 위해 수많은 고난을 겪은 베드로 사도는 그의 편지를 읽게 될 성도들을 격려하기 위해 "하나님께서 너희를 굳게 하시며, 강하게 하시며 터를 견고케 하시리라(벧전 5:10)" 고 말한다. 이것은 경험한 사람만이 확신을 가지고 할 수 있는 말이다.

어떤 아내는 자신이 그리스도인이 되자마자, 자신이 얼마나 어려운 상황 속에 있었는지를 이야기했다. 그녀의 남편은 종종 술을 마셨고, 한참 취해서는 그녀를 구타하며 욕지거리를 퍼부었다. 그가 어찌나 사납게 구는지 그녀는 두려움에 떨었다고 한다. 그 당시 그녀는 이런 상황을 잘 감당하지 못하여 소리치며 울고 남편의 횡포에 기분이 엉망이 되었다고 한다. 아직도 남편은 그리스도인으로서 그녀가 내리는 결정에 동의할 수 없을 때는 소리치며 그녀를 비난 하지만, 그녀는 더 이상 전과 같이 반응하지 않게 되었다고 한다. 오히려 하나님은 그녀에게 매우 실제적인 평안을 허락하셔서 큰 도움을 주신다고 간증한다.

5. 하나님은 당신이 계속 기도하도록 도우신다

남편을 위해 당신이 할 수 있는 가장 좋은 일은 그를 위해 규칙적으로 기도하는 것이다. 남편이 하나님과 교회와 당신의 믿음에 대해 적대적일 경우, 그를 위해 기도하는 것이 더욱 어렵게 느껴질 수도 있다. 어쩌면 마음을 둘로 쪼개어 한 편으로는 남편을 사랑하고, 다른 한 편으로는 하나님을 사랑하는 것이 더 자연스럽게 보일 수도 있을 것이다. 남편의 태도는 분명하다. 하나님께 적대적이거나, 하나님에 대해 아무런 감동도 받지 못하고 납득하지도 못하는 그런 상태에 있다.

그러나 하나님은 결코 그를 적대시하지 않으신다. 반대로 하나님은 그를 사랑하신다. 그가 마음을 열기만 한다면, 하나님은 그의 삶에 개입하시기 원하신다. 당신은 적절한 때에 이 일이 일어나도록 기도해야 한다. 그러나 아무 일도 일어나지 않는 것처럼 보일 때에도 계속 기도하는 일이 쉽지만은 않음을 기억할 필요가 있다.

이와 같은 사실 때문에 우리가 할 수 있는 전부는 하나님을 신뢰하는 것뿐이다. 린다는 하나님을 신뢰하고 꾸준히 기도함으로써 하나님께서 일하심을 깨달았다.

"남편과 아들을 위해 매일 기도했어요. 그들을 하나님의 손에 맡겼지요. 그리고 하나님은 기도에 응답하셨어요. 교회에서 상담을 맡고 계신 분이 제게 한 손으로는 예수님의 손을 잡고, 다른 한 손으로는 남편의 손을 잡고 성령님께서 저를 통해 남편의 마음을 부드럽게 변화시켜 주시기를 기도하라고 하셨어요. 그래서 매일 밤 저는 그렇게 기도해 왔는데 커다란 변화가 나타나고 있어요. 남편이 제 얘기에 귀를 기울이기 시작했고 많이 부드러워졌어요. 요즘은 제게 교회의 모임들에 나가도록 권해 주고 있어요."

다른 사람들은 기도할 때 자기 자신이 긍정적이 되는 것을 발견한다. 하나님께 대한 그들의 신뢰가 자라고 영성도 깊어진다. 줄리는 이런 변화를 경험하면서 다음과 같이 말한다.

"많은 사람들이 남편을 위해 기도하고 있어요. 그래서 저는 이 일을 하나님께 맡기고 그분의 때를 기다리고 있어요."

카렌은 남편에게 아직 어떤 변화가 있는 것은 아니지만, 그를 위한 지속적인 기도가 자신의 영적 생활에 유익을 주고 있음을 확신하게 되었다.

"저는 남편이 구원받기를 늘 원하고 있었지만, 예수님께서는 저보

다 더 간절히 원하고 계신다는 것을 최근에야 깨달았어요. 제가 기
도에 대해서 잘 모르기 때문에 별 효과 없는 기도를 하고 있는지도
모르겠지만, 매일 조금씩 기도에 대해 배우고 있어요."

이런 고백들을 통해 힘을 얻게 되면, 어려움 속에서라도 계속해
서 기도할 수 있게 된다.

6. 하나님은 그분의 음성을 듣는 것을 도우신다

집안에서의 문제가 최악의 상태에 달하고 하나님과 교회를 공격
하는 말과 태도가 계속 되는 환경에 있게 되면 하나님의 음성을 듣
는 것이 쉽지 않다. 《그리스도인 가정》과 '마라나타' 사역 팀의 설
문 조사에 따르면, 12퍼센트의 남편이 아내가 그리스도인이 된 이
후에 점점 더 난폭해졌다고 한다.[1]

그들의 난폭함은 언어와 신체적 폭력으로 표현되었다고 한다. 이
런 일을 당하게 되면, 하나님의 음성을 듣는 것보다 우선 살아 남고
봐야 할 것같이 느끼게 된다.

어떤 한 부인은 자기 남편이 얼마 전부터 화가 나면 다시 하나님
을 저주하는 말을 한다고 했는데, 그는 아내에게 상처를 주기 위해
그렇게 한다고 고백했다. 그녀는 "이런 상황을 극복할 수 있는 가장
큰 무기는 기도예요"라고 말한다.

우리는 현재와 미래를 위한 확신을 갖기 위해 엘리야처럼 하나님
의 조용한 음성(왕상 19:12)을 들어야 한다. 하나님께 말씀하실 기

회를 드리지 않는 한, 우리는 그분께서 하시고자 하는 말씀을 알 수 없다. 우리가 원하든 원하지 않든 계속해서 기도하며 성경을 읽는 것은 매우 중요하다. 가능하다면 교회에서 뿐 아니라 구역 모임 등을 통해 다른 그리스도인들과 교제하는 것도 중요하다. 우리는 하나님으로부터 들어야 한다. 캐슬린은 "제가 하나님의 말씀을 듣는 한 평안이 있어요"[2]라고 말한다. 그러나 실제 생활 속에서도 이것이 늘 쉬운 것은 아니다. 수우는 기도하는 동안 남편이 어떻게 방해해 왔는지를 말한다.

> "남편은 자신이 제 기도를 방해하고 있다는 것을 모르는 것 같아
> 요. 그래서 지금은 그가 카드 놀이를 하거나 샤워할 때, 말하자면
> 그가 저를 방해하지 않는 시간을 선택해서 저의 기도 시간으로 만
> 들고 있어요."

7. 하나님은 증인의 삶을 살도록 도우신다

어떤 아내들은 집에서 그들의 믿음에 대해 자연스럽게 이야기하는 것이 다른 사람들보다 쉽다. 줄리는 이렇게 말한다.

> "커피를 함께 마실 수 있는 친구처럼 그렇게 하나님에 관해 자연스
> 럽게 남편에게 이야기해요. 남편을 위한 하나님의 축복과 일하심
> 을 드러내기 위해 하루 중 가장 중요한 순간을 포착하지요."

그러나 다른 사람들에게는 이렇게 한다는 것이 그리 간단하지 않다. 힐러리는 결혼한 지 22년이 되었다. 그녀의 남편은 그리스도인들은 특히 남자들은 너무 약하고 단순하다고 생각한다. 그녀는 다음과 같이 말한다.

> "남편을 사랑하고 그를 위해 기도를 많이 해요. 그리고 제가 처음 그리스도인이 되었을 때, 하나님께서 주신 성경 말씀을 늘 기억하고 있어요."

이 말씀은 아내들을 위한 베드로 사도의 말씀이다.

> 아내된 자들아, 이와 같이 자기 남편에게 순복하라. 이는 혹 도를 순종치 않는 자라도 말로 말미암지 않고 그 아내의 행위로 말미암아 구원을 얻게 하려 함이니 너희의 두려워하며 정결한 행위를 봄이라(벧전 3:1-2).

조용하게 증인의 삶을 사는 것이 얼마나 어려운지를 배우게 된 에리카는 그녀의 경험을 회상하며 말한다.

> "제가 거듭난 경험을 하고 주님과 교제를 하게 된 후 처음 몇 년 동안, 남편이 의기 소침해 있을 때마다 예수님께서 어떻게 제 삶을 변화시키셨는지를 이야기하며, 예수님은 남편을 위해서도 그렇게 하실 수 있다고 말했어요. 그러나 남편은 오히려 심하게 화를 내었

어요. 저는 전도하기 위해 그에게 책을 권하기도 하고 여러 가지 얘기도 많이 했지요. 그런데 그런 모든 노력들은 남편이 제가 원하는 사람이 되도록 하기 위한 것이었어요. 지금은 다르죠. 전 그냥 그를 사랑하고 가능한 한 이해하려고 노력하면서 하나님의 뜻을 분명히 거스리는 것이 아니라면 순종적인 아내가 되려고 노력하고 있어요. 그가 어떤 질문을 하면 전 정직하고 간단하게 그리고 짧게 대답하려고 하지요. 상담가인 친구는 제게 '잘 지켜보며 기도하고 때로는 울기도 하라' 고 조언해 주었어요."

증거하는 삶이 아무런 효과가 없는 것처럼 보일 때, 우리는 하나님께서 하실 수 있다는 새로운 희망을 가지는 것이 필요하다. 우리가 성경을 읽을 때, 설교를 들을 때, 성경을 혼자서 혹은 다른 사람들과 함께 공부할 때, 우리가 다른 사람들과 함께 예배를 드리고 교제할 때, 이러한 새로운 소망을 갖게 된다. 남편이 아직은 그리스도께로 돌아올 기미가 보이지 않는다 할지라도, 계속해서 그리스도인의 본을 보이는 것은 중요하다는 확신을 하나님은 주실 것이다. 성경은 하나님에 대한 증인으로서의 삶은 결코 헛되지 않다고 말한다(사 55:11).

8. 하나님은 인내할 수 있도록 도우신다

모든 사람들은 분명히 하나님을 만날 수 있는 기회를 갖는다. 그러나 엥겔의 지수에서도 볼 수 있듯이 어떤 사람들은 하나님의 존재를 거의 깨닫지 못한다.[3] 당신의 남편은 아마도 -10과 -5 사이에 있을지도 모르겠다. 이 도표는 사람들이 그리스도께 자신의 삶을 의탁하고 헌신하기까지 일반적으로 몇 단계에 걸쳐 깨닫고 이해하는지를 보여 주고 있는데, 이 사실을 이해하는 것은 매우 중요하다.

느닷없이 갑자기 자신의 삶을 예수님께 맡기는 사람이 가끔 있기는 하지만 매우 드물다. 사람들은 얼마간의 진지한 고민 과정을 거친 후 마음의 준비가 되었을 때에만 그렇게 한다.

물론 틀릴 수도 있다는 것을 염두에 두어야 하겠지만, 당신은 남편이 하나님으로부터 얼마나 가까운지 혹은 멀리 떨어져 있는지를 측정해 볼 수 있다. 남자들은 느낌을 잘 표현하지 못한다는 것을 의식하고서 남편에 대해 전혀 모를 수도 있다는 사실도 인정해야 한다. 만일 당신의 남편이 이 도표의 상당히 낮은 숫자에 머물러 있고 하나님으로부터 아직도 멀리 떨어져 있다고 느낀다면, 당신은 어떻게 해야 할 것인가? 물론 남편의 변화를 위해 기도해야 하겠지만, 나는 먼저 있는 그대로를 받아들이라고 권하고 싶다.

우리가 앞에서도 말했듯이 당신은 남편을 그리스도인으로 만들 수 없다는 것과, 당신이 할 수 있는 것은 단지 그가 그리스도를 신뢰할 수 있게 되기까지 그의 탐구 과정 동안 그를 격려하는 역할을 할 수 있을 뿐이라는 것을 알아야 한다.

남편이 곧바로 그리스도인이 되지는 않으리라는 것을 받아들이고 하나님께 기도한다면 하나님께서는 당신의 마음에 평안을 주실 것이다. 우리가 처한 상황이 바람직하지 않을지라도 하나님은 우리에게 확신을 주실 수 있는 놀라운 능력을 가지신 분이다. 남편을 위

<엥겔의 지수>

근거가 되는 사실
기대되는 반응
하나님의 역할
(일반 계시)
인간의 역할
(교회)
기대되는 반응
(비그리스도인)
확신
참여
선포
권유
중생
재순환
-10 영적 세계에 대해 인식하지 못함
-9 기독교에 대한 지식이 없음
-8 기독교에 대한 지식이 없음
-7 기독교에 대한 첫관심
-6 관심—전달자에 대한 수용
-5 기초적인 복음에 대한 이해
-4 긍정적인 자세
-3 개인적인 문제에 대한 인식
-2 행동을 위한 도전과 결정
-1 회개와 믿음
의롭게 됨
0 새로운 피조물
성화
+1 결정 후의 평가
+2 성장의 초기 단계
개인적인 열매
지적 성장
영적 은사의 인식
성숙한 생활(사회적 적용)
청지기적인 삶의 자세
기도
영적 은사의 활용
전도와 재생산

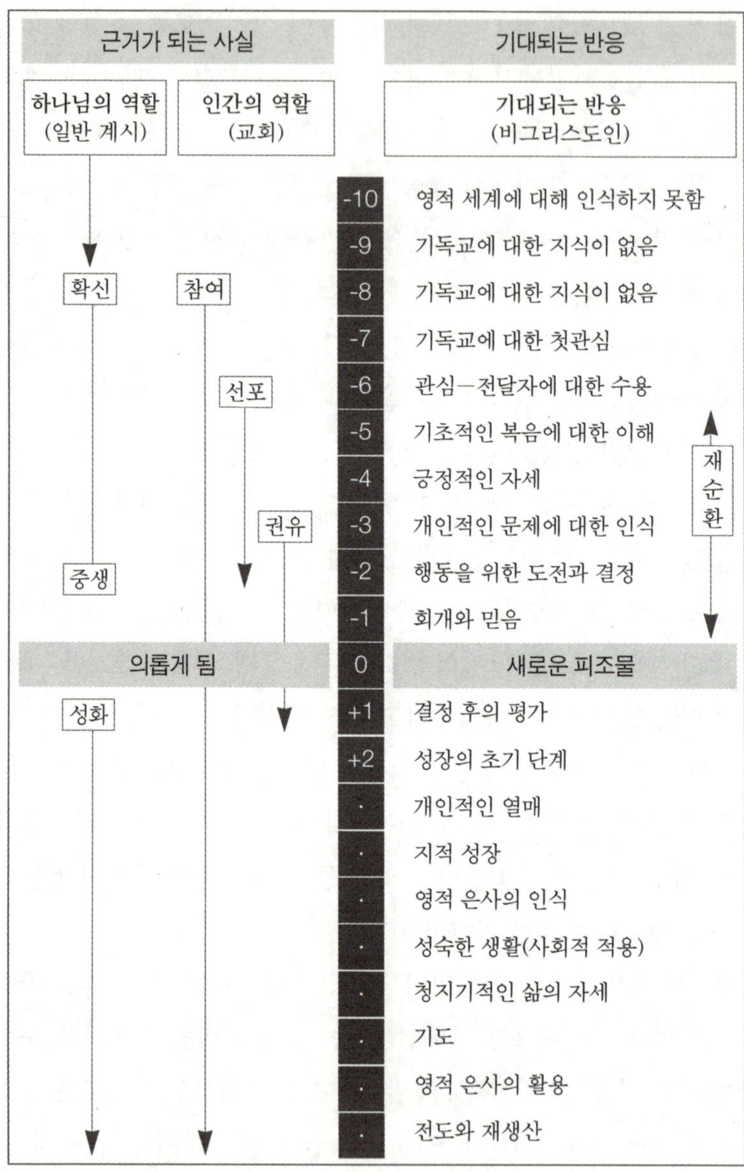

해 수년 간을 기도하면서 기대해 왔지만 아직도 아무런 반응을 보이지 않는 남편을 둔 린다 데이비스는 그녀가 경험한 하나님에 대해 다음과 같이 말하고 있다.

"사막 같은 상황을 기쁨으로 받아들일 수 있는 비밀을 드디어 터득하게 되었어요. 사실, 그것은 그리스도인으로서의 성숙이라기 보다는 자포자기였어요. 저는 불행한 제 처지에 완전히 지쳐 있었거든요. 그러나 제 속에서 '더 이상은 못 참겠어. 행복해지기를 바라기만 하면서 더 이상 살 수는 없어. 남편이 아흔아홉이 되어서도 구원을 받지 못한다면, 그것을 안타까워 하면서 나는 얼마나 많은 시간을 낭비해야 한단 말이지? 이젠 나도 나의 인생을 살아야 해. 내가 어쩔 수 없는 일에 대해 슬퍼하면서 시간만 낭비하고 있을 수는 없어. 내가 바꿀 수 없는 사실은 있는 그대로 받아들여야 해. 그리고 상황이 아무리 나빠도 난 행복하게 살 권리가 있어' 라는 외침이 있었어요. 그 일이 있은 후, 언젠가 남편이 구원을 받게 되면, 그 일이 이루어져야만 행복해질 수 있다는 태도로 산 것이 얼마나 어리석었는지를 깨달았어요. 그리고 삶은 '언젠가' 가 아니라 수많은 '오늘' 로 이루어진다는 것도 알았구요. 만일 삶을 풍성하게 살면서 기쁨을 누리기 원한다면, 현재 처한 환경이나 남편의 영적인 상태에 상관없이 바로 오늘을 살아야 하지요."[4]

9. 하나님은 죄의식에서 벗어나 자유하도록 도우신다

　그리스도인들은 다른 사람들에 비해 죄에 대해 훨씬 민감한데, 일반적으로 이것은 좋은 것이다. 이런 민감성은 의롭고 도덕적인 성품을 가지신 하나님께 우리의 믿음이 뿌리를 두고 있기 때문이다. 죄를 지으면 성령님께서 그것을 깨닫게 하신다. 그리고 우리를 구원하기 위해 십자가에서 흘리신 그리스도의 피를 신뢰하면서 회개할 때 하나님은 용서하신다.

　재키는 약혼자와 결혼하기 전까지 4년을 고민해야 했다. 그녀는 대학 시절에 그리스도인이 되었고, 그는 유대교의 전통에 얽매이지 않는 유대인이었다. 결혼 후 그녀는 교회의 기도 상담실을 찾아야 했다. 그 상담을 통해 많은 도움을 받았지만, 특히 죄를 고백하고 죄 사함을 경험한 것과 '너희는 믿지 않는 자와 멍에를 같이 하지 말라' 는 고린도후서 6장 14절의 말씀을 순종하지 않은 것에 대한 죄책감으로부터 자유할 수 있게 된 것은 정말 중요한 것이었다. 다음과 같이 말하는 헤이즐의 경험도 비슷한 것이다.

　"우리는 결혼하고 지금의 교회로 옮겼는데, 그 때 저는 하나님께 불순종했음을 알고 있었어요. 죄책감 때문에 교회에 나가야 했고, 하나님의 말씀을 알고도 거역한 것 때문에 우울증에 빠져 있었어요. 제가 믿지 않는 사람과 결혼한 것에 대해 하나님께 용서를 구하면 하나님은 용서하신다는 것을 깨닫게 된 것은, 교회에서 만난 친구와의 교제 때문이었어요. 교제를 통해 큰 짐을 덜게 된 것이지

요. 지금은 남편과 함께 많은 도움을 받고 있어요. 우리는 좋은 친
구들을 사귈 수 있었고, 남편은 교회의 다른 사람들로부터 축구나
스쿼시를 같이 하자는 초대를 받고 있어요."

어떤 사람들은 잘못된 죄의식 때문에 그로부터 자유롭게 될 때까
지 내적으로 많은 고통을 겪게 된다. 그리스도인의 삶에 어려움이
찾아오는 것은 그의 죄에 대해 하나님께서 진노하고 있다는, 전혀
도움이 안 되는 잘못된 인식이 이런 죄의식을 조장하기 때문이다.

믿지 않는 남편을 둔 아내가 결혼 생활에서 어려움과 고통을 경
험하게 되면, 그녀는 곧 자기가 심각한 죄를 지었기 때문에 대가를
지불하고 있는 것이라는 잘못된 결론을 내린다. 그리고 하나님께서
더 잘 순종하고 헌신하도록 자신에게 지금 벌을 내리고 있다고 믿
고 있는 경우도 있다. 하나님께서 그렇게 하실 수도 있겠지만, 대부
분의 경우 하나님은 그렇지 않으시다. 문제는 그녀가 잘못된 가르
침에 빠져 있다는 것이다. 성경은 우리에게 하나님의 공의로우심에
대해서 뿐만 아니라 그의 오래 참으심에 대해서도 가르치고 있다.

그리스도인이 죄를 짓게 되면, 하나님은 벌을 주기 위해 큰 회초
리를 들고 달려 오시는 분이 아니다. 오히려 잘못을 깨닫게 해 주시
려고 성령님을 보내신다. 이렇게 자상하고 사랑이 담긴 하나님의
해결 방법이 계속해서 거부될 때, 하나님은 다른 방법을 취하신다.

이스라엘 사람들은 수세기 동안 하나님의 오래 참으심에 반응하
기를 거부하다가 혹독한 심판을 자초하였고, 하나님은 그들이 바벨
론의 포로로 잡혀가는 것을 허락하셨다.

우리가 정말 하나님 앞에 죄를 지었는지, 아니면 우리가 스스로에게 얽어맨 잘못된 죄책감을 느끼고 있는지를 분별하는 방법은 간단하다. 하나님께서 죄를 깨닫게 하실 때는 우리가 어떻게 하나님을 거스렸는지를 정확하고 분명하게 알려 주신다.

사탄은 그렇지 않다. 그는 무력감이나 실패 등의 일반적인 느낌으로 우리를 궁지에 몰아넣기는 하지만 우리가 잘못한 것이 무엇인지를 분명하게 드러내지는 못한다. 이런 것들에 대해 그리스도인 친구들과 나누게 되면 그들은 우리가 느끼는 죄책감이 (회개를 요구하시는 하나님께 반응을 해야 하는) 죄인지, 아니면 (사탄을 물러가도록 해야 하는) 잘못된 죄책감일 뿐인지를 파악하는 데 도움을 줄 수 있다. 하나님을 신실하게 섬기려면, 우리는 잘못된 죄책감으로부터 자유로워져야 한다.

10. 하나님은 당신의 믿음을 세워주신다

당신은 지금 가정 생활이 매우 어렵게 느껴지고, 당신과 배우자 모두 고통을 느끼는 부부 관계를 유지한다고 생각하는지도 모르겠다. 현실은 냉혹하고 앞날은 어둡게만 보일 것이다. 그러나 이런 상황 속에서 바람직한 결혼 생활을 회복할 뿐 아니라 배우자가 그리스도인이 되도록 하려면 당신은 어떻게 해야 할 것인가?

당신이 어떤 자세를 가지고 있는가가 가장 중요할 것이다. 즉 결혼 서약에 충실하고자 하는 자세와 하나님을 깊히 신뢰하는 것이 필요하다. 이렇게 계속 노력하는 것이 정말 어떤 의미가 있는 것일까 하는 의아심을 갖게 될 정도로 상황이 악화될 수도 있다. 절망감이 너무나 깊어져서 남편과 같이 살기 위해서는 당신의 마음을 무진장 달래야만 하는 상황일지도 모른다. 인간적으로 생각해도 정말 부부 관계를 끝내 버리고 싶을 것이다.

그러나 당신이 그리스도인이라면 남편과의 관계가 너무 힘들어서 좋아질 아무런 기대조차 할 수 없을 때도 결혼을 포기하는 것이 쉽지는 않을 것이다. 물론 별거나 이혼을 합법적으로 할 수는 있다. 그렇다 하더라도 하나님과 하나님의 말씀에 최고의 권위를 두는 사람은 자신이나 혹은 자녀들의 생명이 위협을 당하고 있는 경우가 아니라면 합법적인 것일지라도 어렵게 느낄 것이다.

하나님은 결혼이 생명과 같은 것이라고 말씀하신다(마 19:4-6). 그리고 말라기 2장 16절은 결혼 생활이 파괴되는 것에 대해 하나님께서 어떻게 생각하시는지를 매우 분명하게 말씀하고 있다.

'나는 이혼하는 것을 미워하노라' (물론 이 말씀은 모세를 통해 하나님과 맺은 언약(출 24:7-8)을 어긴 이스라엘 백성들의 신실치 못함에 대해 말하고 있는 것이다). 마태복음 19장 8-9절에서 하나님께서 이혼을 허락하신 것은 인간의 연약함 때문이었다는 것을 예수님은 강조하고 있다. 그리고 이혼 후에 다시 결혼할 수 있는 권리가 없다는 것도 분명히 하고 있다. 이혼은 한 배우자가 간음을 행하여 다른 배우자에 대한 신실함을 저버린 후 결혼 생활이 파괴된 사람들을 위한 것이다. 서구 사회에서는 전반적으로 결혼 생활을 끝까지 지켜야 한다는 생각이 점점 희박해지고 있다. 만족할 수 없는 결혼 생활을 청산하는 것에 대해 아무런 거리낌도 느끼지 않는다. 그러나 그리스도인들의 경우는 다르다. 만일 믿지 않는 남편과 함께 사는 일에 만족할 수 없고 행복을 전혀 기대할 수 없을 때, 그리스도인인 아내는 어떻게 해야 할 것인가?

그녀는 하나님의 말씀을 붙들고 순종할 것인가, 아니면 결혼 생활이 점점 파국을 향해 치닫는 것을 허락하면서 인간적으로 보기에 쉬워 보이는 이혼의 길을 선택할 것인가를 결정해야 할 것이다.

고린도전서 7장에서 바울 사도는 믿지 않는 사람과 결혼한 고린도 교회의 그리스도인들에게 믿지 않는 배우자가 함께 살기를 원하는 한 그리스도인인 아내나 남편이 먼저 이혼하려고 해서는 안 된다고 12-13절에서 가르친 후, 14절에서 그 이유를 설명하고 있다.

그들이 같이 사는 한 그리스도인 아내나 남편은 그들의 경건한 삶으로 그들의 배우자에게 좋은 영향을 미칠 수 있기 때문이다. 이것은 믿지 않는 배우자가 준비되었을 때, 그들의 그리스도인 배우자를 통해 하나님께서 일하실 수 있는 문을 열어 놓는 것이 된다.

이런 가르침에 순종하는 것은 하나님께 대한 상당한 헌신을 요구한다. 왜냐하면 이 순종은 무엇보다도 하나님을 위한 것이기 때문이다. 그런데 이 때가 사실 하나님의 능력과 사랑과 힘과 소망이 가장 자유롭게 역사할 수 있는 때이다. 예수 그리스도를 따르는 사람들이 하나님께 순종하기 위해 희생적인 결단을 내릴 때, 하나님은 그들을 결코 버려 두지 않으신다. 로렌스 크랩은 이런 상황에 놓인 사람들을 위해 다음과 같은 제안을 한다.

만일 우리가 하나님께 마음을 토로하고, 그 분의 뜻을 구하는 일에 새롭게 헌신하며, 우리를 인도해 주실 것을 신뢰하면서 하나님을 신실하게 따르기만 한다면, 하나님은 고통 속에서 우리를 붙들어 주시고 하나님을 풍성하게 경험하도록 도우실 것이다. 끝까지 고통 속에서 포기하지 말아야 할 이유와 소망이 여기에 있다. 하나님은 넉넉한 은혜를 베푸시는 분이시다.

믿지 않는 배우자는 당신이 가고 있는 길을 원치 않을 수도 있다. 그러나 당신은 계속해서 하나님께 순종하는 것을 우선 순위에 두고, 기회가 주어지는 대로 당신의 배우자를 섬겨야 한다. 그러면 보다 나은 결혼 생활을 할 수 있게 될 것이다(많은 경우 그렇다고 한다). 무엇보다도 이런 삶은 당신에게 새로운 영적 성숙을, 그리고 주님과의 교제가 더욱 깊어지는 결과를 가져다 줄 것이다.[5]

11. 하나님은 기도에 응답하신다

하나님께서는 인간과 교제하기 원하신다는 것을 우리에게 성경을 통해 분명히 알려 주셨다. 일단 이루어지게 되면 이 관계는 기도를 통해 계속 살아 있게 되고, 필요를 직접 하나님께 가져갈 수 있는 그리스도인과 하나님과의 교제가 성립하게 된다.

어떤 기도는 곧 응답되기도 하지만 그렇지 않은 경우도 많다. 하나님께서는 우리가 계속해서 간구하면서(눅 11:5-8) 인내하는지의 여부를 통해 우리의 믿음을 시험하신다. 한 가지 확실한 것은 하나님은 자녀들의 모든 기도를 들으신다는 것이다. 어떤 기도에 대해서는 바로 응답하시고, 어떤 기도에 대해서는 기다리게 하시며, 어떤 기도에 대해서는 거절로 응답하신다. 그렇다면 당신이 믿지 않는 배우자를 위해 기도할 때, 하나님께서는 어떻게 반응하시리라고 생각하는가?

당신은 남편이 그리스도를 믿도록 기도할 것이다. 이때 하나님은 당신의 기도를 들으시고 응답하실 것이다. 성경은 기도의 능력에 대해 가르치고 있다. 하나님은 예루살렘 교회의 기도를 들으시고, 베드로가 사형되기 전에 그를 감옥에서 나오게 하셨다(행 12:1-17). 예수님은 당신의 능력이 기도를 통해 나온다고 말씀하셨다(막 9:29). 하나님은 그의 자녀들의 기도와 믿음에 반응하신다(마 7:7-11). 당신이 배우자를 위해 규칙적으로 기도할 때 일어나게 될 일에 대해 과소 평가하지 말라. 남편이 최상의 선물을 받게 될 것이라는 당신의 기대와 믿음에 하나님은 그대로 응답하신다. 하나님은 그의 뜻을 좇아 당신이 기도하고 있음을 기뻐하신다(딤전 2:4). 그리고 다음의 두 가지 일을 할 수 있는 영적인 능력을 허락해 주신다.

첫째, 남편을 얽매고 있는 어둠의 세력을 물러나게 하신다. 그래서 남편이 원하기만 한다면 영적인 것들에 대해 보다 관심을 가지고 반응할 수 있게 하신다. 둘째, 남편이 준비가 되어 있기만 하다면, 하나님께서는 성령을 통해 그에게 영적인 통찰력을 허락해 주신다. 우리는 이 사실을 놓치지 말아야 한다. 성경은 그 누구도 인간적인 방법만으로는 그리스도인이 될 수 없다는 것을 분명히 보여주고 있다. 하나님께서 당신의 진리를 각 개인에게 나타내실 때(고전 2:10), 각 사람은 반응할 수 있는 것이다.

우리는 기도할 수 있고 하나님은 일하실 수 있지만, 하나님께 의지적으로 반응하지 않는 한 그 누구도 그리스도를 따를 수 없다.

나는 당신을 그리스도인이 되게 할 수 없으며, 당신도 나를 그렇게 할 수 없다. 나는 14살 때 '서섹스'라는 곳에서 있었던 수련회에 참석해서 하나님의 부르심에 응답할 수 있었다. 당신도 아마 비슷한 경험을 했을 것이다. 당신의 남편 외에는 그 누구도 그리스도를 통해 보이신 하나님의 사랑에 어떻게 반응해야 하는지를 결정해 줄 수 있는 사람은 없다.

린다 데이비스는 20년 이상 남편이 그리스도인이 되리라는 것을 믿어 온 팻의 이야기를 들려 주었다. 남편이 암 말기 진단을 받고 건강 상태가 점점 악화되어 가고 있을 때에도, 팻은 하나님께서 그를 구원하실 것을 신뢰하며 계속 기도하였다. 어느 날 하나님께서 그녀에게 이런 말씀을 하셨다.

"내게는 능치 못할 일이 없지만, 이 일은 네 남편의 결정이 있어야 하는 일이다."[6]

당신은 남편이 하나님을 사랑하게 만들 수는 없다. 그러나 그를 위해 기도할 수는 있을 것이다. 우리는 제5장에서 기도와 더불어 할 수 있는 실제적인 일들에 대해 알아볼 것이다.

12. 하나님은 또 다른 가족을 주신다

마지막으로, 결혼 생활을 통해 기대했던 사랑과 우정과 격려를 받지 못하고 살아가야 하는 아내의 입장에 대해 생각해 보기로 하

자. 종종 한 배우자만이 그리스도인이라는 것 자체가 부부를 하나 되지 못하게 하는 원인이 되기도 한다. 이런 상황에서 그리스도인 배우자가 가진 필요를 교회에서 채워 주지 못한다면 어디서 채울 수 있을까?

바울 사도는 교회를 하나님의 가족(딤전 3:5)으로 묘사하는데, 교회 가족 공동체가 24시간 내내 도움을 줄 수는 없지만, 다방면으로 고통을 덜어 줄 수는 있다. 교회가 이런 특별한 필요를 가진 사람들을 돕는 일을 하게 될 때, 그 도움이 가정 생활을 위협하거나, 문제를 더 악화시키지 않도록 조심해서 잘 돌보아야 한다. 오히려 교회 가족을 통해 하나님의 사랑을 맛보게 하는 것이 필요하다.

하나님께서는 특별한 필요를 가진 자녀를 돌보시고, 그녀가 계속해서 가정 생활을 잘 할 수 있도록 도우신다. 하나님은 그녀의 가정 생활에 새 힘을 주시기를 바라신다. 그리고 교회 가족 공동체를 통해 실제로 배우자의 필요를 채우고, 어려운 시기를 잘 극복할 수 있는 도움을 받는다.

결론

이 장에서는 하나님께서 어떻게 다양한 방법으로 우리를 도우실 수 있는가에 대해 중점적으로 살펴보았다. 이제 남편의 입장에 서서 문제를 바라보기 전에 다시 한번 지금까지 생각해 온 부분들을 돌아보자.

당신이 어떤 상황에 처해 있든 하나님은 당신을 사랑하시며, 당신을 잊지 않고 계시며, 여러 가지 방법으로 당신을 돕고 계신다. 하

나님은 당신이 어려운 상황에 있을지라도 당신을 향한 그분의 사랑
을 경험할 수 있기를 간절히 바라신다.

N·O·T·E·S

1. Lilian Cook, 'What does your partner think about your faith? Part 2:
   Husbands and their Reactions', *Christian Family* (May 1992): p 12.
2. Sandra Carter, 'Conflict of Faith', *Christian Family* (March 1991): p 15.
3. James Engel, 'What's Gone Wrong With the Harvest?' (Zondervan)
   reproduced in an adapted form in *Evangelism Explosion/Teach and Reach
   Handbook*(Southampton, 1981), p 104.
4. Linda Davis, *How to be the Happy Wife of an Unsaved Husband* (Whitaker:
   Springdale), pp 95-96.
5. Dr Lawrence J Crabb, *The Marriage Builder* (Navpress: New Malden, 1987),
   p 109.
6. Davis, *op cit*, p 104.

당신의 남편이 반드시 예수님을 믿게 될 것이라고 확신할 수는 없다.
그러나 그것이 당신의 책임이 아니라는 사실을 아는 것은 매우 중요하다. 이 일은
남편과 하나님 사이의 일이기 때문에 당신이 기도와 모든 수고로
도울 수는 있지만 그가 하나님을 따르게 할 수는 없다. 우리의 삶과 증거가 하나님의
계획과 목적에 잘 부합될 때 하나님은 강력하게 역사하신다.

4장
당신의 남편은 어떤 상황에 있는가?

　당신의 가정 생활이 힘들다고 느끼는 것처럼 남편도 매한가지일 수 있다. 당신이 그리스도인이어서 남편과의 사이에 의견 차이가 나기 때문에 고통스러워 하는 것에 대해 남편은 어떻게 느낀다고 생각하는가? 아마도 당신은 그의 이야기를 들어 보지 못했을 것이다. 이제 우리는 이 장에서 그리스도인 아내를 둔 남편들이 어떤 생각을 하며 또 감정적으로 어떻게 느끼고 있는지에 대해 살펴볼 것이다.

　먼저 남자와 여자는 감정적으로 다르고, 특히 실제적인 면에서 매우 다르며, 관계에 있어서도 서로 다르게 반응한다는 사실을 인식해야 한다. 무슨 일이 일어나고 있는지, 특히 연인 사이에서 일어나는 일들을 이해하기 위해서는 남녀가 어떻게 다르게 느끼는지에 관해 주목해야 한다.

　여자들은 대부분 대화를 즐긴다. 그것을 통해 다른 사람들을 알게 되며 친밀감을 느낄 수 있기 때문이다. 그러나 남자들은 자신의 능력을 드러내기 위한 수단으로 대화를 사용한다. 개인적이고 감정적이며 친밀감을 느끼게 하는 대화가 남자들에게는 편안하게 느껴지지 않는다. 오히려 정치, 경제, 스포츠 등에 관한 이야기를 잘 한다. 남자들은 자신의 부족함을 인정하기를 꺼리며 여자들처럼 친구들과 밀접한 관계를 필요로 하지 않는 것처럼 보인다.

그렇다고 해서 남자들이 고독과 고립을 선호한다는 의미는 아니다. 복음 전도자인 짐 스미스씨는 남자들은 집단 의식이 강하고 어떤 일에 대해 함께 의논하면서 자기의 생각을 드러내려 한다고 말한다.[1] 그들은 또 도전과 대결을 좋아한다. 그리고 자신들이 여자들보다 우세하며, 무슨 일이든 여자들보다 잘 할 수 있다고 생각한다. 남자들의 이런 생각에 동의하지 않는 여자들은 남자들이 우세하지 않다는 것을 증명하기 위해 남자들을 조종하려고 한다. 여자들이 직관적이고 사람 중심적인 경향인 반면, 남자들은 과업 중심적인 경향이라는 것은 널리 인정되고 있다. 마지막으로 남자들은 여자들과는 달리 자신들의 삶의 영역을 구분하는 경향이 있어서 여자들에게는 일관성이 없는 것처럼 보인다.

남녀 사이의 이런 기본적인 차이가 있다는 것을 이해하게 되면, 결혼 생활에 오해가 따르는 것은 그리 놀랄 만한 일이 아니다. 부부가 그리스도 안에서 하나가 되지 못하는 것을 포함해서 수많은 영역에서 다양한 장애가 부부 사이에 생겨날 수 있다. 우리가 이미 살펴보았듯이, 아내들은 대부분 그리스도인인 반면에 남편들은 그렇지 않은 경우가 일반적이다.

이 장에서 우리는 아내가 일요일과 주중에 규칙적으로 남편을 집에 두고(혹은 아이들과 함께) 교회에 가게 될 때, 남편이 나타낼 수 있는 반응들에 대해 살펴볼 것이다. 남편들이 처한 상황은 모두 다르다. 사실 그 어떤 사람도 같지 않다. 그렇기 때문에 우리는 이런 입장에 놓인 남자들에게 반복해서 나타나는 특정한 느낌들에 관해 초점을 맞출 수 있을 뿐이다.

1. 질투심

메리는 빌과 결혼한 후 최근에 그리스도인이 되었다. 이 부부에 대해 브리짓 홀은 이렇게 말한다.

> "메리는 삶에 대한 보다 깊은 의미를 발견했고, 함께 시간을 보내고 싶은 새로운 친구들이 많아졌어요. 그러나 빌은 그녀가 왜 그렇게 교회에 열심인지 이해할 수가 없었고, 오히려 그녀의 그런 모습에 위협을 느끼며 질투와 의혹이 일어나는 것을 경험하고 있었어요."[2]

말콤의 경우도 비슷하다. 그는 그의 아내 샐리가 3년 전에 그리스도인이 된 이후 긍정적으로 많이 변한 것을 보아 왔다.

개빈 웨이크필드는 샐리에 대해 "말투가 많이 부드러워졌고, 전처럼 그렇게 불안해 하지도 않는다"[3]라고 말했다. 그럼에도 불구하고 그녀와 말콤 사이에는 문제가 있었다. 그들은 일주일에 한 번씩 하던 저녁 외출을 더 이상 하지 않는다. 그 대신 아내는 교회 모임에 가 버린다. 그리고 말콤은 알지도 못하는 사람들과 저녁 시간을 함

게 보낸다. 그 모임에 나오는 사람들이 대부분 여자들이라는 사실
이 그에게 약간의 안도감을 주기는 한다.

　그러나, 이런 일 때문에 말콤은 아내가 예수와 맺게 된 새로운 관
계에 대해 무언지 모를 질투심을 느꼈다. 그리고 전에는 친밀했던
자신들의 결혼 생활을 예수가 왠지 방해하고 있는 것처럼 느꼈다.
그래서 요즘은 아내와 무슨 일에 대해 상의하는 것이 점점 더 힘들
고 대화 끝에는 종종 다투게 된다.[4] 린다 데이비스의 남편인 마크가
그리스도인이 되었을 때, 그가 그리스도인이 되기 전 그리스도인
아내와 사는 것에 대해 어떻게 느꼈는지를 물었다. 그녀는 남편의
반응에 대해 다음과 같이 말한다.

"그가 경험해야 했던 것들을 기억하면서 쓸쓸한 표정을 짓더군요.
아내가 그리스도인이 되었을 때 그것은 하나의 커다란 위협이었다
고 하더군요. 갑자기 아내가 자기는 볼 수도 없는 하나님을 사랑한
다고 하는데, 아내가 알게 된 그 하나님에 대해 아무리 설명을 들
어도 자신은 이해할 수가 없었고, 단지 그가 알 수 있는 것은 아내
가 다른 사람을 사랑하게 되었다는 것과 그것 때문에 자신은 질투
심을 느낀다는 것이라고 하더군요. 처음 결혼할 때와는 달리 자신
이 아내의 사랑에서 첫째가 되지 못하고 갑자기 하나님 다음으로
밀려났다고 느꼈대요."[5]

　어떤 남편이라도 이런 일을 당하게 되면 질투심을 느낄 것이다.
아내가 교회 안의 다른 남자와 오랜 관계를 맺어 온 것처럼 그렇게

느껴질 수도 있을 것이다.

룻은 이런 경우에 대해서 유사한 경험을 하였다.

"교회의 한 형제로부터 전화가 왔는데 남편이 받았어요. 전화가 없
는 그리스도인 친구들에게 소식을 좀 전해 달라는 내용이었지요.
그 후 저는 그 형제와 아무 일도 없다는 것을 남편에게 설득시키는
데 온 주말을 보내야 했어요."

포울린은 남편과의 가장 큰 문제는 남편이 느끼는 질투심이라고
한다. 그녀는 이렇게 말했다.

"남편이 한번은 제가 하나님보다 차라리 남자 친구를 사귀는 것이
더 낫겠다고 말하더군요. 남자 친구라면 차라리 자기가 결투라도
할 수 있기 때문이라는 거죠."

안젤라는 요즘 남편이 점점 심하게 질투를 느끼는데, 그 이유는
아내의 생활 중의 일부에서 자기가 제외되기 때문이라는 것을 알아
차렸기 때문이란다. 남편들의 이러한 반응이 말해 주는 것은 그들
이 아내에 대해 깊은 관심을 가지고 있다는 것이다.

2. 상처

거절 당하는 것은 고통스러운 일이다. 예전에 가졌던 특별한 사

랑과 관심이 사라지게 되었다고 느낄 때, 우리가 받게 되는 상처는 상당히 깊다. 아내의 사랑을 잃게 되었다고 느꼈던 마크 데이비스는 이에 대해 이렇게 말한다.

"저는 전혀 변하지 않았는데, 아내가 변했다고 생각하게 돼요. 그녀가 결혼 계약을 파기한 것이나 다름없다는 생각을 하게 됩니다. 그러다 보니 아내가 신실하지 못한 사람으로 보이게 되구요."[6]

정말 좋은 의도를 가진 아내라 할지라도 남편에게 이런 느낌을 주기가 쉽다. 질의 남편은 자신이 잘 우울해하고 화를 쉽게 내는 사람이란 것을 인정한다. 질은 몇 년 전 남편에게 예수님은 자기들 두 사람을 만나게 해 주신 분이며 자기는 남편보다 예수님을 더 사랑한다고 말했던 것을 기억한다. 질이 전혀 나쁜 의도를 가지고 한 말은 아니었지만 어쩌면 이 일로 남편은 깊은 상처를 입었을지도 모른다. 물론 아내가 다른 남자와 불륜의 관계를 맺은 것과는 전혀 다른 상황이지만 남편이 보기에는 별로 다르지 않다. 아내가 누군가와 새로운 관계를 맺는 것은 남편이 그 전만큼 중요하지 않다는 것을 의미하기 때문이다. 여자들은 일반적으로 이런 관점으로는 보지 않는데, 마가렛도 예외는 아니다. 그녀는 이렇게 말한다.

"남편은 제가 자기 외에 누군가를 사랑한다는 것에 대해 엄청나게 화를 내며 교회에 대해서도 매우 부정적이에요. 남편은 하나님을 향한 제 사랑이 자기를 향한 사랑과는 전혀 다른 성격이라는 걸 받

아들이지 않아요. 오히려 그 사랑은 우리의 결혼 생활을 도와 주는
데 말이예요."

어떤 아내들은 약한 모습을 드러내지 않는 자신의 남편은 결코
이런 상처를 받지 않을 것이라고 생각한다. 남자들이 여자들처럼
쉽게 자신들의 감정을 드러내지 않는 것은 사실이지만, 그렇다고
그들이 상처를 받지 않는다거나 받을 수 없다는 것은 아니다. 전혀
표현하지는 않지만 아내에게 예수님이 있다는 것과 자신은 채울 수
없는 아내의 영적인 필요를 채울 수 있는 교회가 있다는 것 때문에
자신은 거절당하고 있다고 느낀다. 엘리놀이 세례를 받게 되었을
때 그녀의 남편이 나타낸 반응은 그의 감정이 얼마나 상해 있었는
지를 보여 준다. 그녀는 자신의 경우에 대해 다음과 같이 말한다.

"제가 세례를 받은 후 몇 주 동안 남편은 짜증을 많이 내면서 거의
말을 하지 않았어요. 남편은 제가 큰 잘못이나 한 것처럼 절 대했
어요."

상처를 받은 사람은 예측할 수 없는 반응을 나타내게 된다.

3. 부담감

아내가 그리스도인이 되면 남편들의 반응은 다양하게 나타난다.
닐에게는 아내가 예수님을 믿는다는 사실이 아무런 문제가 되지 않

았다. 그는 "아내에게는 자신이 선택한 것을 믿고, 또 할 수 있는 권리가 있다고 생각합니다"라고 말했다. 그러나 그 후에 문제가 생기기 시작했다.

> "아내가 그리스도인의 생활을 하기 시작했을 때, 아내는 제가 양복을 꼭 차려 입어야만 한다고 생각하는 것 같았어요. 그리고 자기와 함께 찬양을 하게 하려고 애를 썼지요."

이런 것들은 그가 원하는 것이 아니었다고 한다.
마크 데이비스도 비슷한 경험을 했다. 그는 이렇게 말했다.

> "린다가 그리스도인이 된 후, 그녀는 저도 자기처럼 하나님을 사랑하도록 압력을 가해 왔어요."[7]

그것이 그를 화나게 만들었다고 한다. 그리고 결혼 후 그의 장모까지 합세해 그를 몰아세울 때는 정말 견디기 어려웠다고 한다. 남편들의 이런 고백은 그리스도인이 된 아내들이 지나친 강요를 함으로 그가 그리스도께 나오는 일을 더 어렵게 만들지 않도록 조심해야 할 필요가 있음을 보여 준다. 강압적인 요구를 당하고 있다는 위협을 느끼게 될 때 남자는 더 강하게 저항한다. 이런 상황 속에서 남편이 그리스도께 나오는 일은 더욱 어려워진다. 기독교에 대해 마음을 정하지 못하는 남편에 대해 맨디는 다음과 같이 말한다.

"남편은 하나님을 믿어요. 그러니까 자신을 그리스도인이라고 생
각하지요. 그런데 살아계신 주 예수님을 인격적으로 알지는 못해
요. 그는 자존심이 강하고 직선적인 북부 사람이예요. 예수님을 영
접하는 것에 대해 호감을 느끼는 한편 상당한 위협을 느끼기도 하
지요. 그래서 적당한 거리를 유지하면서 예수님과 너무 가까워지
는 것을 부담스러워 하구요."

앤의 남편은 예수님께로부터는 직접적으로 위협을 느끼지는 않
지만 그의 몸인 교회로부터 위협을 느낀다. 그녀는 "남편은 교회가
마치 자기를 죽이기라도 하듯이, 교회라는 제도에 대해 상당한 두
려움을 느끼고 있는 것 같아요"라고 말한다.

4. 불안감

많은 부부들에게는 결혼하기 전에 친하게 지내던 친구들이 있고
그 중에는 이미 결혼한 사람들도 있다. 결혼한 후에도 이런 친구들
을 만나고 여가를 같이 즐기는 것은 너무나 당연한 일이다. 그러다
어느 날 아내가 그리스도인이 되어 예수 그리스도와 교제할 뿐 아
니라 교회가 아내의 생활에 매우 중요한 자리를 차지하게 된다. 아
내는 새로운 친구들을 사귀게 되고 그들이 아내에게는 상당히 중요
한 사람들이 되는 반면, 남편은 자기와는 아무런 관계도 없는 사람
들처럼 느낀다. 샐리의 남편인 말콤은 마가렛을 비롯한 몇몇 사람
들을 만나게 되었다. 그들은 친절했지만 친구가 될 만한 그런 사람

들은 아니었다.[8]

  이런 상황은 남편들에게 자신의 동의 없이 다른 사람들이 자기 아내의 삶의 일부로 침투해 들어오고 있는데, 자신은 어떻게 아내를 다시 돌아오게 할지 모르기 때문에 불안감을 느끼게 된다. 그는 이런 상황이 어떻게 끝이 나게 될지 알지 못한다. 그래서 아내와의 사이가 너무 벌어져 결국 결혼 생활이 결국은 무너지게 될지도 모른다고 생각할 수도 있게 된다.

5. 거리감

  행복하고 만족스럽게 살던 부부 중 한 사람이 그리스도인이 되면, 둘 사이에는 감정적인 거리감이 찾아든다. 이런 거리감은 서로 인정하지 못하는 데서 오는 것이 아니라, 단지 그리스도인이 된 배우자에게 일어난 변화 때문에 생겨나는 것이다.

  얼마 전에 남편이 그리스도인이 된 가정을 상상해 보자. 그는 새롭게 발견한 믿음에 대해 기뻐하며 다른 사람들과 나누기를 원할 것이다. 아내말고 그 누구와 이 기쁨을 먼저 나눌 수 있겠는가? 다음은 그리스도인이 된 남편이 린다 데이비스에게 한 이야기이다.

> "매일 저녁 퇴근 후, 아내에게 주님에 대해 이야기하면서 왜 아내
> 도 그리스도인이 되어야 하는지를 설명하지요. 아내를 앉게 한 후,
> 성경을 읽어 주었어요. 포기하고 싶지 않았거든요."[9]

이렇게 시작하게 되면 아내는 남편이 갖게 된 종교는 꽤나 미련스럽고 성가신 것이라는 생각을 하게 되고 그의 열심에 저항하게 될 것이다.[10] 그는 강한 의지로 승리할 수 있을 것이나, 그것은 중요한 것이 아니다. 예수님은 교리적인 주장을 하면서 윽박지르거나 강요함으로 사람들을 그의 제자가 되도록 하지 않으셨다. 예수님은 자신의 사역에 대해, 제자들을 부르신 목적에 대해 설명하셨고 그들이 그의 사역에 동참하도록 초대하셨다. 요한복음 6장 66절에서 보듯이 누군가가 예수님을 떠나고자 하면 가도록 허락하셨다. 예수님은 사람들이 스스로 오지 않는 한 그들을 모으는 일에 별 관심을 보이지 않으셨다.

예수님과 다르게 행동하는 것은 위험하다. 잘못된 이유 때문에 사람들을 그리스도께 헌신하게 만들 뿐 아니라, 나중에 그들이 이용당했다고 생각하며 후회할 수도 있기 때문이다. 끝까지 물건을 사게 만들고야 마는 판매원이나 보험 회사의 외판 사원을 생각해 보면 이런 일이 쉽게 이해될 것이다. 나중에 돌이켜 보면, 결국 그들의 유도에 넘어가 잘못된 결정을 했다는 후회를 할 수밖에 없게 된다.

만일 누군가가 당신을 이런 식으로 대한다면 기분이 몹시 나쁠 것이다. 그리고 아내가 남편에게 이런 압력을 가한다면 그들 부부 사이는 갈라질 위험에 처하게 될 것이다. 이런 요구는 그것이 아무리 좋은 의도를 가지고 한 것이라 해도 부부 사이에 좋지 않은 결과를 가져오게 된다. 남편은 상처를 받게 되고, 그 상처로 인해 환부가 곪게 되면 결혼 생활에 돌이킬 수 없는 치명적인 해가 된다.

6. 무관심

만일 아내들이 심한 강요로 남편들에게 위협을 느끼게만 하지 않는다면, 아내가 교회에 가는 것에 대해 상당히 협조를 보이는 남편들도 있다. 그들은 기독교에 대해 전혀 무관심하며 믿음을 가질 생각은 없지만, 아내들의 신앙 생활에 대해서는 기꺼이 용납할 준비가 되어 있다.

어떤 면에서 닐은 이런 남편 중의 한 사람이다. 그는 자신이 '기독교인' 이라고 생각한다. 그리고 교회는 믿음을 표현하기 원하는 사람들을 위해 여러 면에서 유익한 곳이라고 생각한다. 단지 자기가 꼭 가야 할 곳이라고 생각하지 않을 뿐이다. 그는 아내의 믿음이 자라는 것을 보며 그녀를 따뜻하게 격려해 주는 반면, '나는 아직 내 믿음이나 나의 삶의 방식을 다른 사람들에게 드러내야 할 필요를 느끼지 못한다' 라고 말한다.

7. 도전

어떤 남편들은 궁지에 몰려 있다고 느낀다. 그들은 아내가 그리스도인이 되고 교회에 나가면서 정말로 달라진 모습을 본다. 어떤 사람들은 아내가 분명히 다른 사람이 되었고 훨씬 더 좋은 아내가 되었다는 것을 인정한다. 그런데 그들이 당면하고 있는 문제는 "왜"에 관한 것이다.

나는 설문 조사에 협조해 준 사람들에게 왜 남자보다 여자가 그리스도인이 되는 경우가 많다고 생각하는지에 대해 물어 보았다.
많은 여성들이 그렇게 생각하고 있었다. '왜 그렇게 생각하는가' 라
는 질문에 조앤은 여자들은 대화를 나누고 교제할 수 있는 친구들
이 필요하기 때문이라는 대답을 했고, 바바라는 여자들은 자기가
누구이든 상관하지 않고 따뜻하게 사랑해 주는 예수님과 같은 사람
에 대해 자신을 보여 주려고 하기 때문이라는 대답을 했다.

　제니도 비슷한 얘기를 했다. 그녀가 보기에 남자들은 자신들의
야성적인 본능에 만족하며 남성답다는 것에 스스로 위로를 받기 때
문에, '사랑' 은 그들에게 있어서 아주 미미한 것에 불과한 것이다.
질리안이 보기에도 남자들은 다른 사람의 도움을 받지 않고 자기
힘으로 모든 것을 하도록 길들여져 있기 때문에 다른 사람에게 의
존 한다는 것이 쉽지 않다고 생각한다. 윌마는 남자들에 대해 좀 다
른 시각을 가지고 있다. 그녀는 이렇게 말한다.

　　"남자들은 사나이로서 모든 것을 다스려야 한다고 생각하는 것 같
　　아요. 그래서 그들에게는 예수님이 필요하지 않지요."

　설문 조사에 응한 팀이라는 한 남편은 그것이 '교만' 과 관계가
있음을 보여 준다. 그는 누군가에게 경배를 드려야 할 만큼 겸손해
져야 한다는 것은 받아들일 수가 없었다고 대답했다. 또 어떤 사람
들은 남자들이 가진 다른 성향에 대해 이야기 한다. 아이린은 자신
의 생각을 다음과 같이 말한다.

"제가 생각하기에 남자들은 여자들보다 과학적인 이유들을 찾으
려고 하는 것 같아요. 믿기 위해서는 보아야만 한다는 것이죠."

남편이 왜 예수님을 믿을 수 없는지를 설명하면서 수우도 아이린
의 생각에 동의한다. 그녀는 "남편은 예수님을 인격적으로 만날 수
없기 때문이에요. 보지 못하는 것은 존재할 수 없다고 생각하지요"
라고 말한다. 이것은 예수님의 제자 중 한 사람이었던 도마가 예수
님이 부활하셨다는 사실을 믿지 못했던 이유와 동일하다.

내가 그 손의 못자국을 보며 내 손가락을 그 못자국에 넣으며 내
손을 그 옆구리에 넣어 보지 않고는 믿지 아니하겠노라(요 20:25).

예수님을 믿는 일은 도무지 불가능한 일이라고 생각하는 남편들
도 그들이 부활하신 예수그리스도를 볼 수는 없다고 할지라도 기독
교가 사실에 근거한 것이라는 강력한 증거에는 접근할 수 있다.

결혼하고 몇 년 간 같이 살게 되면 남편들은 아내에 대해 꽤 잘 알
게 된다. 그리고 아내가 그리스도인이 되고 교회에 나가게 되면서
좋은 모습으로 변화하기 시작할 때, 남편들은 아내에게 일어난 분
명한 차이가 어떤 것인지를 주목하게 된다.

남편은 이런 상황을 심각하게 생각하기 시작할 것이다. 아마도
아내에게 일어난 변화에 대해 궁금해할 것이다. 자신의 무관심, 불
가지론적이고 무신론적인 자신의 태도에 대해 도전을 받는다. 그러
면서도 자신이 느끼고 있는 변화의 의미를 받아들이고 싶지 않아서

자신과는 무관한 것으로 기독교를 생각하려고 한다. 그러나 그는 이미 아내에게 좋은 영향을 미치고 있는 것들에 의해 도전을 받고 있는 것이다.

8. 두려움

아내에게 일어난 변화를 느끼고 기독교가 자신에게는 어울리지 않는다고 생각하는 남편은 두려움을 느끼게 된다. 스테파니는 그들이 헤어지기 전에 남편이 그리스도인의 믿음의 실제와 능력을 잘 알고 있었다고 생각한다. 그녀는 스물아홉 살에 그리스도인이 되었고, 남편은 그녀의 삶을 변화시킨 하나님의 능력을 보았다.

> "그래서 남편은 두려워 했어요. 그는 감동을 받았고 자신에게도 그런 변화가 일어나기를 바라면서도, 한편으로는 그럴 필요를 느끼지 못했어요."

칼리의 남편은 아내에게 일어난 변화를 보면서도 그리스도께 자신의 삶을 의탁하는 것을 두려워하고 있다. 그들이 결혼한 지 얼마 되지 않아 칼리는 그리스도인이 되었다. 그녀는 왜 남편이 아직 그리스도인이 되지 않았는지에 대해 말한다.

> "남편은 하나님을 믿어요. 그런데 그리스도를 영접하는 그 마지막 결단을 두려워하고 있는 듯해요. 너무 쉽게 보이기 때문에 어딘가

함정이 있을 것이라고 생각하는 거예요."

남편에 대해 같은 질문을 받은 샌드라는 다음과 같이 대답했다.

"남편은 과학자이면서 기술자예요. 모든 것이 흑과 백처럼 분명해
야 한다고 생각하지요. 만일 교회에서 누군가가 그리스도인답지
않은 행동을 하게 되면, 남편은 그렇기 때문에 교회와는 아무 상관
없이 지내고 싶다고 말하곤 해요. 제 생각엔 남편이 헌신하는 것을
두려워하고 있는 것 같아요."

9. 거리낌

헌신된 그리스도인 아내를 둔 남편들은 예수 그리스도에 대해 어
떻게 생각해야 할지 잘 모른다. 데이비드에게는 예수 그리스도가
실제로 존재하는지에 대한 것은 문제가 안 되며, 그것은 그의 사고
방식에 영향을 미치지 않는다. 닐은 이렇게 말한다.

"저는 예수 그리스도를 믿어요. 그런데 사람들은 언제나 제가 얼마
나 믿고 있는지 그 정도를 나타내기를 기대하는 것 같아요."

그는 그렇게까지 하고 싶지 않은 것이 분명하다. 이런 태도는 중
요한 문제를 제기한다. 복음을 전하며 믿지 않는 남편을 가진 그리
스도인 아내들을 돕는 사역을 하고 있는 데릭과 릴리안 쿡 부부는

남자들은 위선자가 되고 싶어하지 않는다고 가르친다.[11]

그리스도를 믿기는 하지만 교회에 나가게 되면 자기는 아직 별로 준비되지 않았는데도 불구하고 결국 기도를 해야 하고 찬송을 불러야 한다는 것은 경험을 통해 알고 있다. 다른 사람들은 몰입해 있는 어떤 일에 대해 자신은 그렇지 못한 채 서 있는 것은 당혹스러운 일이다. 자기가 진심으로 할 수 없는 것을 억지로 해야 할 때 위선적으로 느껴진다. 그래서 기독교에 대해 더 관심을 가지고 알아볼 수는 있지만, 바보스럽고 솔직하지 못한 자신을 보고 싶지 않기 때문에 교회에 나가는 일에 대해서는 꺼리게 된다.

10. 상실감

가까운 가족이나 친구가 죽었을 때만 상실감을 느낀다고 생각하는 것은 잘못된 생각이다. 사람들은 중요한 것을 잃게 되면 언제나 주기적으로 찾아드는 상실감을 경험하게 된다.

아주 소중하게 여기던 물건을 잃어버렸거나 도둑을 맞았을 때, 혹은 원치 않은 퇴직이나 조기 은퇴를 당하게 되었을 때도 상실감은 찾아온다. 어떤 사람들에게는 자녀가 대학을 가거나 결혼으로 집을 떠나야 할 때도 심한 상실감에 빠지게 되며, 어떤 사람들은 부부가 별거하거나 이혼할 경우에 상실감을 경험한다.

결혼한 사람들도 자기의 아내나 남편이 더 이상 자신의 배우자가 아니라고 느낄 때, 비슷한 괴로움을 느낀다. 서로에게 헌신하기로 다짐하고 결혼한 한 쌍의 부부를 생각해 보자.

그들은 함께 있는 것을 즐기며 많은 시간을 같이 보내며 서로의 관심을 나눈다. 그러다 한 사람이 예수 그리스도를 만나고 교회에 출석하면서, 그 사람은 믿음이 자라고 영적으로 성숙하게 되기를 바라게 된다. 이 사람의 배우자는 그로 인해 상당히 큰 타격을 받게 된다. 전에는 두 사람의 관심이 서로에게 집중되어 있었는데, 이제는 둘 중 한 사람의 관심이 더 중요한 것으로 옮겨지게 된 것이다. 그것은 그들의 마음을 빼앗아 가는 운동 경기나 취미 생활이 될 수 있고, 다른 어떤 것들이 될 수도 있다. 이런 것들 때문에 부부 사이는 상당히 벌어진다.

그런데 부부 중 한 사람이 예수와 사랑의 관계를 맺어 그리스도인이 되면, 사태는 정말 심각할 수 있다. 배우자와의 사랑에서 밀려나 있어야 한다는 것은 정말 기막힌 일이다. 자신의 결혼 생활이 배우자의 마음을 빼앗아 가는 제삼자에 의해 침해를 당하고 있다고 생각하게 된다. 그리고 비록 아직 한 침대를 쓰면서 살고는 있지만, 그 전에 누렸던 좋은 관계를 잃어버렸다는 상실감을 심하게 경험하게 된다. 자기들이 서로 나누던 사랑을 이제는 더 이상 누릴 수 없다고 느끼는 것이다.

11. 분노

아내가 그리스도인이 된 후에 자주 화를 내는 남편들도 있다. 그들은 실제로 아내가 그리스도인이 된 것에 대해서 혹은 일요일마다 교회에 가는 것에 대해서 반대하는 것은 아니다. 그들이 화를 내게

되는 이유는 한때 안정되었던 가정에 찾아오기 시작한 변화들 때문
이다. 남편은 아내가 주중에 가끔씩 교회 모임에 나가는 것을 용납
할 수 있다. 어떤 행사는 토요일에 있어서 아내가 참석할 수도 있다.
남편을 짜증나게 하는 것은, 자신이 믿지 않는데 아내나 자녀들이
그리스도인일 경우, 자신의 가정이 그리스도인들의 모임을 위해 이
용된다는 것이다. 조이스 허깃은 이런 사람을 알고 있는데 그의 집
이 모임을 위해 자주 사용되자, 결국 그는 참을 수 없게 되었다. 일
과를 마치고 피곤한 몸으로 집에 돌아왔을 때, 그가 필요로 하는 안
식처를 침입자들에게 빼앗긴 것이다. 조이스와 나는 이런 침입은
온당치 않으며, 다른 사람의 필요에 무심하기 때문이라고 생각하며
그의 입장을 이해할 수 있었다.

　이런 상황에서는 전략을 바꾸어야 남편의 화를 누그러지게 할 수
있다.[12] 조이스는 그 사람의 아내와 이야기를 나누며, 그에게 필요
한 것은 전도가 아니라 사랑이라는 것을 알게 되었다. 그는 신실한
남편으로서 그리고 좋은 아버지로서의 그의 가치를 인정받고 확인
받을 필요가 있었다. 그의 필요가 채워졌을 때 정말 놀라운 일이 벌
어졌다. 그가 그리스도인이 되었다는 것은 아니다. 그가 그리스도
인이 되지는 않았지만 가정에서 화목을 되찾을 수 있게 된 것이다.
나중에 그는 아내에게 '당신은 나의 가장 친하고 귀한 친구야' 라는
고백을 했다.[13]

　믿지 않는 배우자에게도 정당한 분노를 표현할 자유가 있다. 그
리고 잘못된 취급을 당하고 있다고 생각될 때, 그것에 대해 이야기
하는 것은 결코 잘못된 일이 아니다. 그들이 그런 표현을 하게 될

때, 그것은 상대방의 입장에 서서 객관적인 생각을 할 수 있는 성숙한 배우자에게는 엄청난 도움이 될 수 있다. 데이비드도 분노를 느끼는 남편들 중 한 사람이다.

> "아내는 종종 무엇이 옳고 그른지에 대해 내게 설교를 하려고 하는 데 정말 짜증스럽다니까요."

도나는 남편이 자신의 믿음을 병적이라며 매우 화를 내고 수치스럽게 생각한다고 말했다. 그녀는 남편과 자기가 영적인 면에 있어서 서로 반대 방향을 향해 가고 있다고 생각한다. 질의 남편은 다른 이유 때문에 화를 냈다. 질은 이런 상황 속에서 자신의 믿음을 타협하지 않기 위해 남편이 화를 내더라도 인내해야 했다. 질은 다음과 같이 분명히 말했다.

> "제가 그리스도인이 된 후, 남편은 제가 거짓말을 하거나 속일 것을 요구했어요. 하지만 그는 제가 그런 기대를 채워줄 수 없다는 것을 분명히 알아야 해요."

12. 이용당하고 있는 느낌

데이비드 베넷은 정직한 사람이다. 그리스도인 아내들이 믿지 않는 남편들을 이해하는 것을 돕기 위해 '아내를 교회에 빼앗긴 사람의 편지' 라는 책을 썼다. 이 책에서 그는 가족들이 교회에 가고 없는 동안 자신이 집에서 하는 일들을 기록하고 있다. 그는 기독교인이 된 가족들을 위한 '지원 부대'로서 자신의 역할을 묘사하고 있다.

일요일 아침, 집안 일을 시작하기 전에 먼저 가족들을 교회에 데려다 주어야 한다. 그는 운송 책임을 맡을 뿐 아니라, 일요일 점심 식사를 준비하는 요리사의 역할도 해야 한다. 그리고 교회의 일을 실제로 돕기도 한다. 아이들을 돌보기도 하고, 교회 연극을 위한 무대 장치를 고안해서 꾸며 주기도 하고, 연극이 시작되기 전에는 따분하기 짝이 없는 설교를 듣는 일까지 해야 한다.[14]

데이비드는 이런 자신의 역할을 즐겁게 하는 것처럼 보인다. 그러나 다른 남편들은 그렇지 않다. 그들이 자원해서 교회를 도와 주는 것을 교회는 너무나 당연하게 생각하며, 잘못 걸려들어 이용당하고 있을 뿐이라고 느낄 수도 있다. 이렇게 되면 전혀 도움이 되지 않을 뿐 아니라, 그들은 교회로부터 점점 멀어지게 되고 가족과 교회에 대해 더 큰 불만을 갖게 된다. 매들린의 남편은 자기 아내가 교회로부터 이용당한다고 느끼기 때문에 분노한다. 이것에 대해 그녀는 이렇게 말한다.

"남편은 제가 예배를 드리고 깊이 헌신되어 있어서 자신의 힘으로는 도무지 어쩔 수 없는 비밀을 가지고 있다고 알고 있지만, 제가 그리스도인 친구들을 위해 돈이나 시간을 쓰는 것은 절대로 허락하지 않아요. 남편은 제가 그들에게 이용당하고 있을 뿐이래요."

남편이 이런 생각을 가지고 있으므로 아내가 교회에 의해 이용당한다고 주장하면서 자신이 교회에 가지 않는 이유를 정당화하는 것이다.

13. 불만

그리스도인과 함께 사는 믿지 않는 배우자는 그들의 배우자가 가진 그 무엇인가가 가정 생활에 상당한 영향을 미치고 있음에 대해 항상 불만을 품는다. 데이브가 셜리와 결혼했을 때 그는 그리스도인이 된 지 1년이 조금 지난 초신자였다. 그가 그리스도인으로서 성숙해지고 하나님이 그에게 점점 더 소중한 분이 되어가면 갈수록, 아내는 그런 그에 대해 두 가지 이유로 점점 더 화를 내었다. 그는 이렇게 말한다.

> "아내는 아이들을 교회에 데려가는 것에 대해서는 별로 반대하지 않아요. 그런데 제가 하나님을 제 삶의 최우선 순위에 두는 것에 대해서는 가정 생활을 침해하는 일이라고 여기지요."[15]

데이브는 자신이 행복한 것에 대해서, 그리고 아내에게는 없는 그 어떤 것을 분명히 가지고 있다는 사실에 대해 아내가 불만을 품고 있다고 생각한다. 이런 불만족 때문에 사람들은 기독교에 대한 관심을 갖게 될 것이라고 생각할 수도 있다. 그러나 불행하게도 그렇지가 않다. 불만을 느끼면서도 믿지 않는 배우자들은 오랫동안 변화를 원하지 않는다. 이런 자세 때문에 가정에 불화가 일어나기 쉬운데, 불만은 삶에 대한 부정적인 자세를 갖게 하기 때문이다. 데이브는 이런 상황에 대해 다음과 같이 말한다.

"아내와 저 사이에 팽팽한 긴장을 불러일으켜요. 어떤 때는 우리의 결혼 생활이 끝나 버릴 것 같기도 해요."[16]

질리안 역시 그리스도인이 된 후에 비슷한 어려움을 겪고 있다.

"남편은 제가 갑자기 하나님과 다른 그리스도인 친구들을 왜 필요로 하는지 전혀 이해하지 못해요. 자기는 하나님을 믿지 않는다고 강하게 말하구요. 그리고 기독교에 대해서는 듣고 싶지 않다고 딱 잘라 말해요. 제가 교회에 가고 주일 학교에서 가르치는 것에 대해서는 인내하고 있지만 사실은 몹시 화를 내고 있어요. 교회에 제 친구들이 있다는 것도 불만이예요. 제 시간과 정성을 남편에게만 쏟아야 한다고 생각하거든요."

데이브 역시 아내가 교회 활동에 참여하는 것에 대해 비슷한 느낌을 갖고 있다.

"아내는 교회 꽃꽂이라든가 봉사 활동 같은 일에 너무 많은 시간을 투자하고 있어요."

아비가엘은 그녀의 남편도 비슷한 생각을 하고 있다고 말한다.

"가끔씩 남편은 제가 교회 활동에 참여하고, 성경 공부에 너무 많은 시간을 투자한다면서 불만을 표현해요."

부부 중 한 사람이 불만스러운 상태를 오랫동안 참아야 하기 때문에 일어나는 결혼 생활이나 가정 생활에서의 어려움은 정말 안타까운 일이다. 부부가 이런 상황을 잘 파악하고 해결할 준비가 되어 있지 않다면, 그들을 위해 기도는 하겠지만 실제적인 도움을 줄 수 있는 길은 별로 없다. 헤이즐은 요즘 자신의 결혼 생활이 훨씬 수월해졌다고 하면서 자신이 매일 할 수 있었던 것은 기도밖에 없다고 간증한다.

"처음에 남편은 제게 일어난 변화에 대해 불만스러워 하며, 모든 것이 지나치다고 생각했지요. 우리 부부도 사람들이 겪는 온갖 문제와 어려움들을 다 겪어야 했어요. 그렇지만 지금은 남편이 제가 그리스도인이라는 사실을 받아들이고 자기가 원치 않는 일도 하려고 해요. 이제는 그리 큰 문제가 되지 않아요."

헤이즐의 이러한 경험은 다른 아내들에게 계속해서 기도하도록 용기를 줄 것이다.

14. 적개심

아내나 혹은 남편이 그리스도인이 되었다는 사실을 절대로 용납할 수 없는 경우도 있다. 앤은 딸의 세례를 계기로 교회에 나갔고, 그 이후에 그리스도인이 되었다. 남편 톰도 딸의 세례식에 참석은 했지만, 그는 아무런 감동도 받지 못했다.

톰은 그 이후 늘 앤의 믿음과 교회에서의 활동에 대해 심한 적개심을 품어 왔다. 그는 앤이 주일 예배에 참석하고 구역 예배에도 참석하도록 동의해 주었다. 그러나 톰이 집에 있을 때 그를 두고 모임에 가는 것이 앤에게는 쉬운 일이 아니었다. 친구들과 전화를 하면 톰은 불평하며 비난을 퍼부었다. 그래서 친구들은 집에 찾아오는 것을 어려워했고, 기독교에 대한 책자들도 톰의 눈에 거슬리지 않는 곳에 두어야 했다. 앤은 톰의 반대 때문에 보수가 좋은 교회에서의 시간제 일을 포기해야 했다. 그리고 남편을 즐겁게 해 주기 위해 집에 머물면서 6개월 동안 힘들고 짜증나는 것을 참아야 했다.[17]

조사 결과에 의하면 아내가 그리스도인이 된 이후 점점 적대감을 심하게 나타내는 남편들이 12퍼센트에 달한다. 이런 적개심은 욕과 비난으로, 때로는 손찌검으로 나타난다. 이런 연구 자료를 발표한 데릭과 릴리안 쿡 부부는 이런 적개심이 보다 깊은 내면의 문제들과 연결된다고 말한다. 어쩌면 남편들이 실직이나 병고로 이미 괴로움을 맛본 상태라는 것이다.[18] 질은 남편이 스스로 자신은 우울해지고 성급한 성격의 소유자임을 인정한다고 한다.

"저를 위해 예수님께서 십자가에서 죽으신 일에 대해 남편에게 이
야기해 주었어요. 남편은 별로 알고 싶지 않다고 하더군요. 자신에
게는 별 문제가 없다고 하면서요. 남편은 제가 나쁜 사람이기 때문
에 교회에 갈 필요가 있을 거라고 말하지요. 사실 그 말은 맞아요.
전 완전한 사람이 아니기 때문에 매일 주님의 도움을 필요로 하거
든요. 더 이상 말해 봐야 문제만 악화되고 그는 더 흥분하게 돼요.
그래서 제가 그냥 참고 말아요."

앤이나 질과 같은 상황 속에서 가정과 믿음을 지키기 위해서 할
수 있는 일은 기도를 많이 하는 것 뿐이다. 다른 친구들에게도 기도
를 부탁하고 집에서는 지혜롭게 생활하며 가족의 필요를 민감하게
채워 주어야 한다.

15. 협조

부부 중 한 사람이 그리스도인이 되었다고 해서 결혼 생활이 모
두 어렵게 되는 것은 아니다. 안젤라는 더글라스와 결혼한 지 5년이
지난 후 그리스도인이 되었다. 그리고 예수님에 대한 자신의 느낌
을 남편에게 오랫동안 얘기해 주고 싶지만 어떻게 해야 할지를 몰
랐다. 그녀는 이렇게 말했다.

"제가 말하지 않고는 견딜 수 없을 것 같았지만 자제하면서 참아
내야 했을 때, 저는 거의 퉁명스럽게 보이기조차 했을 거예요."

그녀가 고맙게 생각하는 것은 남편이 아이들을 그리스도인으로 키우는 것에 대해 반대하지 않으며, 자신이 교회 활동에 참여하도록 격려하는 것이다.[19] 우리가 이해할 수 있든 없든 어떤 사람들은 개인적으로 그리스도를 따르는 삶에는 별 관심이 없지만 기독교의 윤리를 좋아하며 착하고 존경받을 만한 삶을 살려고 노력한다. 그들은 교회가 뜻하고 추구하는 일에 대해 고무적이라 생각하고, 다른 사람들이 교회 활동에 참여하고 충성스런 그리스도인이 되도록 돕는 일을 기쁘게 생각한다. 그러나 자신들이 꼭 그렇게 살아야 할 필요는 느끼지 않기 때문에 주변을 맴돌기만 한다. 칼리는 자신의 남편에 대하여 이렇게 말한다.

> "제 남편은 아이들과 제가 교회에서 하는 일들에 대해 매우 협조적이예요. 그는 제 믿음과 교인들의 믿음에 찬사를 보내긴 하지만 자기와는 거리가 먼 일이라고 생각하지요."

폴린의 남편은 기독교를 한낱 동화처럼 생각한다. 가톨릭 집안에서 자라나 어릴 때 종교에 관해서는 모두 끝마쳤다고 생각한다. 그럼에도 불구하고 그는 언제나 아내가 교회에 나가도록 격려한다.

16. 관심

어떤 남편들은 아내가 새로 가지게 된 믿음에 대해 관심을 갖기 시작한다. 그것이 아내의 회심 이후에 곧바로 생겨나는 것은 아닐 수도 있다. 데릭과 릴리안이 조사한 바에 따르면, 설문에 응한 남편들의 약 15퍼센트 정도는 변화가 일어나고 있다고 응답했다.

전에는 별 관심이 없었고 다른 일로 바쁘던 그들이 신앙에 대해 묻고 교회 행사에 참석하기도 한다. 그들은 새로운 관심을 가지게 된 것이다.[20] 메이비스는 남편이 이런 변화를 보이는 사람 중의 하나라고 한다. 남편이 기독교에 대해 매우 긍정적이며 관심을 가지고 알아보려고 하기 때문에 신앙 문제로 가정에 불화가 생기지는 않는다고 한다.

3장의 엥겔의 지수에서 보았듯이, 어느 정도의 기간에 걸쳐 관심을 가지고 알아보는 단계를 거치지 않고 그리스도인이 되는 경우는 거의 드물다. 우리는 모두 의문을 가지고 새롭게 알게 된 사실에 대해 다시 생각해 본 후, 그리스도인이 될 것인지 아닌지를 결정하는 시간을 필요로 한다. 남편이 성경의 가르침이나 교회에 대해 관심을 나타내기 시작한다는 것은 그에게 어떤 내적인 변화가 일어나고 있음을 의미하는 것이다. 이런 일은 매우 고무적지만, 조심스럽게 접근해야 할 일이기도 하다. 그가 예수님을 영접하고 자신의 삶을 그분께 의탁하고 그 사실을 이야기하게 될 때까지, 그에게는 충분한 시간과 여유와 자상하고 민감한 기도의 지원이 필요하다.

결론

여러 사람들이 믿지 않던 아내나 남편이 스스로 예수님을 믿게 된 이야기에 대해 글을 썼다. 수많은 그리스도인 아내들은 자기의 남편도 그렇게 되기를 간절히 바라고 있다. 지금까지 아내가 그리

스도인이 된 후의 남편들에게 나타나는 반응들에 대해 살펴보았는
데 이제 5장에서는 이런 상황에 처한 남편들을 돕기 위해 아내들이
할 수 있는 일들을 알아 보자.

N·O·T·E·S

1. Jim Smith, 'Save the Male', *Buzz* (April 1987): p 30.
2. Bridget Hall, 'My husband doesn't understand…', *Woman Alive* (Fabruary 1992): p 15.
3. Gavin Wakefield, 'Barriers that keep men out of our churches' *Christian Woman*(December 1988): p 25-29.
4. *ibid*.
5. Linda Davis, *How to be the Happy Wife of an Unsaved Husband* (Whitaker: Springdale), p 50-51.
6. *ibid* p 51.
7. *ibid*.
8. Wakefield, *op cit*, p 25.
9. Davis, *op cit*, p 39-40.
10. *ibid* p 39.
11. Derek and Lilian Cook, video *Husbands and the Kingdom* (Maranatha Ministries:Kirkby Stephen, 1992), tape 1.
12. Joyce Huggett, 'Lost in Faith', *Christian Family* (June 1989): p 36.
13. *ibid*.
14. David Bennett, 'An Open Leter from a Church Widower', *Christian Woman* (December 1988): p 47.
15. Sandra Carter, 'Conflict of Faith', *Christian Family* (March 1991): p 14.
16. *ibid*.
17. Derek and Lilian Cook, 'Just you, me and my Friend called Jesus', *Woman Alive*(May 1991): p 25.
18. Lilian Cook, 'What Does Your Partner Think About Your Faith? Part 2: Husbands and their Reactions', *Christian Family*, (May 1992): p 12.
19. Derek and Lilian Cook, 'Just you, me and my Friend called Jesus', p 26.
20. Lilian Cook, *op cit*, p 12.

5장
어떻게 남편을 도울 수 있을까?

남편과 신앙 생활을 함께 할 수 없는 그리스도인 아내들은 그들의 상황에 대해 불만스럽고 불행하다고 느끼는 경향이 있다. 재스민더는 "남편이 그리스도인이 아닌 것이 참 안타까워요"라고 말한다. 또 다른 그리스도인 아내도 다음과 같이 동감을 표한다.

> "저도 정말 안타까워요. 남편이 그리스도인이 된다면 더 좋은 확신을 가지고 살 수 있을 거예요. 그리고 아버지 없이 살아 온 그에게 하나님께서 아버지가 되어 주실 텐데…."

'남편이 그리스도인이 아닌 사실에 대해 어떻게 생각하는가? 라는 질문에 대해 대부분의 아내들은 공통적으로 '안타깝다' 라고 대답했다. 성경에서는 하나님이 선교사적인 성품을 가지신 분이라고 가르친다. 공의로우실 뿐 아니라 긍휼히 여기시는 하나님은 그분이 창조하신 사람들이 그들을 향한 하나님의 깊은 사랑을 이해하고 그분의 사랑에 자유롭게 반응하기를 원하신다. 하나님은 당신을 사랑하실 뿐 아니라, 긍정적인 반응을 보일 아무런 조짐이 없어 보이는 당신의 남편도 그만큼 사랑하신다.

이 장에서 우리는 당신의 삶 속에 찾아 오신 하나님께서 이제 어떻게 남편의 삶 속에 개입하시는지를 살펴볼 것이다. 우리는 어떤 일을 할 때, 하나님께서 공식에 맞추듯이 그렇게 짜여진 프로그램을 따라 우리를 위해 일하실 것이라고 기대해서는 안 된다.

예수님께서 유대인이며 바리새인이었던 니고데모와 이야기 하시면서, 어린 아이가 육체적으로 태어나듯이 그가 물과 성령으로 거듭나는 영적인 출생을 경험해야 할 것을 강조하셨다(요 3:5). 그리고 성령께서 일하실 때 이런 일이 일어날 수 있다고 가르치셨다. 사람이 바람의 방향과 속도를 조절할 수 없듯이 성령님의 활동에 영향을 미칠 수 없다. 예수님은 이렇게 말씀하셨다.

"바람이 임의로 불매 네가 그 소리를 들어도 어디서 오며 어디로
가는지 알지 못하나니 성령으로 난 사람은 다 이러하니라(요 3:8)."

당신이 이 장에서 설명하고 있는 남편을 도울 수 있는 방법들을 사용하더라도 남편이 예수님을 믿을 것이라고 확신할 수는 없다. 그러나 이 방법들은 적어도 해로운 영향을 미치지는 않을 것이기 때문에 당신이 손해 볼 일은 없을 것이다. 당신이 살아 있는 동안 남편이 회심하게 될지 알 수는 없지만, 하나님은 당신의 마음과 의도를 아시고 남편의 구원을 위해 기도하고 수고하는 당신을 축복하는 분이라는 것은 분명하다.

4장에서 우리는 남자와 여자가 갖는 차이점들에 대해 살펴보았다. 이제 남편이 하나님을 만나도록 어떻게 하면 가장 잘 도울 수 있는지에 대해 알아 보면서, 남녀가 가지는 차이점에 대해 좀더 자세히 살펴보자.

1. 남자를 이해하도록 노력하라

이성(異性)을 이해하는 것이 쉽다고 생각하는 사람은 아무도 없을 것이다. 그리고 우리 모두는 남녀의 역할에 대해 잘못된 가르침을 받고 자라 왔다는 사실을 기억해야만 한다. 이것은 대부분 문화적인 것임에도 불구하고 무엇이 잘못되었는지를 깨닫기까지는 성경을 믿는 그리스도인들마저도 다른 사람들과 마찬가지로 잘못된 견해를 따라 살아가고 있다.

크리스틴 노블은 성에 대한 잘못된 생각들을 나열하면서 이런 것들은 타파되어야 한다고 주장한다. 먼저 그녀가 말하는 여성에 대한 잘못된 생각들은 다음과 같다.

- 여자들은 결혼을 해야만 한다.
- 여자들의 역할은 가정 안에서만 주어진다.
- 자녀 교육은 여자들만의 일이다.
- 여자들은 집안일을 돌보고 요리하는 일을 가장 잘 할 수 있다.
- 여자들은 논리적이지 못하다.

마찬가지로 다음과 같이 남성들에 대한 잘못된 이해도 있다고 그녀는 말한다.

- 남자들은 가정을 부양하기 위해서 일해야만 한다.
- 남자들은 아기들에게 관심이 없다.
- 목수일, 장식, 자동차 정비, 돈 관리는 남자들의 일이다.
- 남자들은 감정적이거나 직관적이지 못하다.
- 남자들은 눈물을 보여서는 안 된다.
- 남자들은 언제나 앞장서야 한다.[1]

이런 생각들은 서구 사회의 문화적인 규범이 어떤 것인지를 잘 보여 주지만, 하나님께서 성경을 통해 보여 주시는 성에 대한 가르침과는 전혀 다르다. 성경의 어디에서도 남자와 여자에 대한 이런 내용은 찾아볼 수 없다. 그럼에도 불구하고 많은 그리스도인들은 그렇게 행동한다. 만일 남편이 그리스도를 만나도록 돕기 위해 하나님께서 사용하시도록 자신을 내어드리기 원한다면, 당신은 남자에 대해 좀더 이해하는 것이 필요하다. 데릭과 릴리안 쿡은 '남편과 하나님 나라' 라는 주제의 세미나에서 다음과 같은 사회학적인 요소들에 대해 설명한다.[2]

남자들은 표현력이 약하다

조사에 따르면 여자들은 말을 하기 위해 두뇌의 양쪽을 모두 사용하는 반면, 남자들은 왼쪽 두뇌만을 사용한다. 이것은 남자들이 말하는 면에 있어서 불리한 입장임을 의미한다.

남자들은 경쟁적이다

남자들은 경쟁적이기 때문에 여자들이 친구들과 가깝게 지내듯이 그렇게 친한 친구들이 그리 많지 않다. 남자들은 어느 정도의 의심을 가지고 서로를 대하기도 한다. 그러므로 만일 아내가 먼저 그리스도인이 되면, 남편은 영생이 무엇인지를 알아보기 위한 경주에서 아내에게 비참한 참패를 당했다고 느끼게 된다.

남자들은 위선자를 혐오한다

그리스도인이 되기 위해 적극적인 참여를 요구하는 예배에 먼저 참석해야만 한다면, 기독교에 대해 알아보는 것 자체를 아예 피해 버릴 남자들도 있다. 또 어떤 사람에게는 마음이 따라 주지 않는 감사와 찬양의 내용이 담긴 노래와 찬송가를 부른다거나 기도를 해야 하는 것은 거의 불가능한 일일 수도 있다.

남자들은 쉽게 당황한다

익숙하지 않은 곳은 남자들을 긴장하게 만든다. 특히 어떤 일을 정해진 시간에, 그것도 특정한 방식을 따라 해야 할 경우 더욱 그렇다. 교회는 남자들이 쉽게 난처함을 느끼는 곳인데, 그 이유는 그들이 무엇을 어떻게 해야 할지 잘 모르는 상황에 접하기 때문이다. 그들이 교회를 위해 일하기를 원하지 않는다는 말은 물론 아니다. 남자들은 이것을 교회에 나가는 것과는 별개의 문제로 생각한다. 왜냐하면 전자는 남자들이 어느 정도 자기 뜻대로 할 수 있는 일이기 때문에 그들에게는 훨씬 편하게 느껴지고 안정감을 주기 때문이다.

남자들은 강인한 것에 매력을 느낀다

기독교는 일반적으로 연약한 사람들을 위한 것으로 받아들여지고 있다. 삶에 닥치는 시련에 쉽게 무너지는 약한 사람들이 의지하는 기둥 같은 것으로 여겨지고 있다. 예수 그리스도를 의지하는 것이 자신의 내적인 연약함을 보충하기 위해 외부적인 힘에 의존하려는 것으로 보이기도 한다.

남자들은 자신의 연약함을 인정하고 싶어하지 않는다. 그래서 기독교의 진정한 의미를 깨닫기 전까지는 본능적으로 기독교에 거부감을 느끼는 성향이 강하다. 예수 그리스도의 충성스런 제자가 되기 위해 얼마나 많은 대가를 치루어야 하는지를 알게 되면, 남자들은 기독교를 보다 더 의미 심장하게 받아들일 것이다. 그리고 예수님이 얼마나 남성다운 관점을 가지셨으며, 그분을 따르는 일이 영적으로, 지적으로 심지어 육체적으로도 얼마나 많은 것이 요구되는지를 깨달으면, 그들은 그리스도인들과 그들이 가진 믿음에 존경을 표하게 될 것이다.

데릭과 릴리안 쿡은 남자들이 처한 입장에 대한 통찰력을 갖는 데 많은 도움을 준다. 그들은 남자들이 삶의 여정에서 거치게 되는 5단계에 대해 다음과 같이 설명하였다. 이 단계는 경제적인 불황이나 실직률이 높은 시기에는 잘 적용되지 않는다.

1)승진하며 전진하는 시기(20~30세)

이 시기는 남자가 직장에서 자리를 잡아가고 남편과 부모로서 틀을 세워 가는 쉽지 않은 기간이다. 아내를 선택함에 있어서 그는 자신을 돌보아 줄 수 있는 어머니 같은 여인, 자신의 인생에 빛을 더해 줄 영화 배우 같은 여인, 그리고 자기와 함께 인생을 헤쳐나갈 수 있는 잔다르크 같은 강인함을 지닌 여인을 고르려고 할 것이다.

2)터를 굳히는 시기(35~45세)

남자는 이 시기에 그동안 살아온 자신의 삶을 스스로 이룩한 자신만의 업적 위에 세우게 된다.

3)위기를 맞는 중년의 시기(40~50세)

이 시기에 남자는 엉뚱한 생각을 하게 되고 부담스러운 현실로부터 도피하고 싶은 충동을 종종 느낀다. 이 때가 되면 그는 잠시 멈추어 서서 "만일 내가 죽는다면"이라든가 "내가 죽을 때" 등의 말을 하게 된다. 아직 의미 있는 일들을 다 이루지 못했다는 결론을 내리기도 한다. 그리고 이 때가 되면 자기가 꿈꾸었던 대부분의 이상들은 결코 이루지 못할 것이라는 사실에 직면하게 된다. 어떤 사람에게는 이 중년의 위기가 30대 후반에 찾아오기도 한다.

4)평안을 느끼게 되는 시기(50~65세)

이 시기가 되면 의미 있는 삶을 살아 온 남자는 이제는 삶의 여유를 가질 수 있고, 수고해야 할 세월이 얼마 남지 않았다는 것을 알고 일을 즐기게 된다. 그러나 의미 있는 삶을 살아오지 못한 사람은 자신이 영향을 미칠 수 있는 기회가 점점 줄어들고 있다는 것 때문에 짜증을 느끼며 살아갈 수도 있다.

5)은퇴하는 시기(65세 이상)

조기 퇴직을 하지 않는 이상 이때는 남자들에게 새로운 변화의 시기이다. 어떤 사람들은 은퇴 후의 생활에 적응이 되지 않아 힘들어 하고, 건강해 보였던 많은 사람들이 은퇴 후 첫 2년 사이에 세상을 떠난다. 그리고 새로운 삶의 목표를 설정할 필요를 느끼기도 하며, 일 대신 그 동안 해 온 취미 생활에 몰두하기도 한다. 왜냐하면 하는 일 없이 살아가는 것이 삶을 무의미하게 만들기 때문이다.

2. 도움을 주라

만일 남편의 삶 속에서 하나님께서 일하시는 것을 보기 원한다면, 남편이 예수님에 대해 열린 마음을 가지고 신뢰할 수 있도록 하나님과 함께 아내가 할 수 있는 일들이 있다. 3장에서 우리는 아내의 기도가 하나님께서 사용하시는 강력한 도구가 됨을 살펴보았다. 다음에 제안하는 것들은 아내들이 기도와 함께 남편을 위해 할 수 있는 실제적이며 영적인 것들이다.

남편을 소중하게 생각하라

일단 결혼하고 나면 남편을 소중하게 생각하거나, 남편과의 관계를 별로 대수롭지 않은 것으로 여기기 쉽다.

그런데 당신은 분명히 남편을 가장 소중하게, 심지어는 당신 자신보다 더 낫게 여기겠노라는 의미심장한 결혼 서약을 했을 것이다. 성공회 교회의 결혼 예식을 위한 예배용 책자(Alternative

Service Book) 안에는 아래 내용의 서약이 있다.

> 나, (이름)는 (이름)을
> 나의 아내/남편으로 맞아
> 기쁠 때나 슬플 때나,
> 가난할 때나 부요할 때나,
> 아플 때나 건강할 때나,
> 죽음이 우리를 갈라 놓을 때까지,
> 사랑하고 섬길 것을
> 하나님의 성스러운 법에 따라
> 엄숙히 서약합니다.[3]

자기 중심적이 되는 것은 인간의 본성이다. 다른 사람을 소중하게 생각하는 것은 의지와 노력을 요구하는데, 그것이 바로 결혼의 전부라 할 수 있다.

이런 점에서 하나님과 우리가 근본적으로 다른 것이다. 인간을 향한 하나님의 사랑은 우리를 위해 당신의 아들을 아낌없이 온전히 내어주실 만큼 풍성한 것이었다. 그리스도인 아내나 혹은 남편이 하나님의 사랑이 자신을 통해 흘러 나가게 하려면, 믿지 않는 배우자가 감동할 만큼 삶에서의 변화가 있어야 한다.

조이스 허깃은 매일 아침 잠에서 깰 때, '오늘은 어떻게 하면 남편을 기쁘게 해 줄 수 있을까?'라는 질문을 하라고 제안한다. 그리스도인 아내들이 이런 모습을 보일 때 남편들은 다시 생각할 기회를 가지며, 아내의 달라진 모습을 보면서 하나님과 하나님께서 어떻게 일하시는지에 대한 중요한 질문들을 하게 되는 경우가 많다.[4] 이런 삶을 사는 데는 많은 희생이 요구되지만 정말 귀한 결과를 얻을 수 있다.

성생활을 함께 즐기라

기쁨과 만족을 가져다 주는 성생활이 무미건조해질 수도 있다는 것에 대해, 결혼하기 전에는 상상조차 할 수 없을 것이다. 그러나 어떤 부부에게는 이런 일이 일어날 수 있고, 또 일어나고 있다. 성교가 기계적이며 습관적인 것이 되거나, 아니면 아예 성생활이 중단되고 기쁨을 가져다 주는 성교는 아주 멀리 사라져 버린 것처럼 되고 만다. 성교를 즐기며 만족스러운 상태에 있을 때라도, 조금 더 신경을 쓰고 잘 준비하면 결혼 생활에 새로운 활력을 불어 넣을 수 있다.

내가 이런 권고를 하는 것은 안정되고 헌신된 결혼 생활 속에서 성교의 친밀감을 누리는 것이 하나님의 계획임을 성경이 보여 주고 있기 때문이다. 물론 성교가 인류의 보존을 위한 창조주의 방법이기는 하지만, 결혼한 사람들이 즐길 수 있는 성교(창 2:24, 잠 5:18-19, 아가서 4장)가 출산을 위한 것이라는 것을 암시하거나 언급하고 있는 성경 구절은 찾아볼 수 없다.

하나님은 인간을 지으실 때 사랑을 나누며 느끼는 친밀감과 격려가 필요하다는 것을 아셨다. 성교가 결혼 생활의 일부가 될 때, 그것은 배우자에 대한 사랑과 헌신을 표현하는 가슴 벅차고 즐거운 일이 되는 동시에 서로에게 풍성함을 가져다 주게 된다. 그리스도인 아내가 남편과의 성교를 순수하게 즐길수록 남편은 자신이 사랑받으며 소중한 사람이며 가치있는 사람이라는 것을 더 많이 느끼게 될 것이다. 그리고 이것은 하나님께 대한 믿음을 포함한 아내의 좋은 면들에 대해 더 많은 생각을 갖게 할 것이다.

함께 즐거운 시간을 가지라

성생활이 무미건조해지듯이 삶이 전체적으로 따분해질 수 있다. 신혼 여행이 고대 역사의 한 부분처럼 느껴지고, 반복되는 직장 생활이나 가정 생활은 상당히 무미건조하며, 연애 시절의 즐거움은 어디론가 사라져 버린 것처럼 느껴진다. 그 연애하던 때의 어리고 철 없던 자신과 비교해 볼 때, 지금의 모습은 무척 안정되고 성숙해 보일 수도 있다. 그리고 믿음 생활도 많이 진지해졌고 그리스도인으로서 경솔하게 행동해서는 안 된다고 생각하고 있을지도 모르겠다.

'관계'라는 기관에서 상담가로 일하는 젤다 웨스트·미즈는 부부가 즐거운 일을 함께 하느냐의 여부가 부부 생활의 성패를 좌우한다는 내용의 글을 한 잡지에 기고한 적이 있다. 그녀는 이렇게 소개하고 있다.

"즐거움을 함께 나눈다는 것은 매우 중요합니다. 부부가 서로 말을 잘 하지 않는다거나, 충분한 시간을 같이 지내지 않으며, 전에는 두 사람의 관심을 끌었던 즐거운 일들을 더 이상 같이 하지 않게 되면, 결혼 생활이 어려워지는 것이 일반적이지요. 특히 두 사람

다 직장 생활을 하거나 어린 아이가 있을 때 부부 사이에 이런 일
은 쉽게 일어날 수 있습니다.” [5]

부부가 즐거운 일을 함께 한다는 것이 말처럼 그렇게 쉽지 않다
는 것을 아는 조이스 허깃은 부부가 함께 의미 있는 시간을 만들기
위해 노력해야 함을 강조한다. 그리고 부부 사이의 우정이 소중하
다는 것을 서로에게 확인시켜 주는 것이 필요하다고 말한다. [6] 일상
적인 생활과 이런 저런 모임에도 참석하다 보면, 부부가 서로의 우
정을 가꾸는 일은 뒷전으로 밀려날 수 있다. 그러나 만일 부부 사이
의 우정을 소홀히 하고 함께 즐길 수 있는 시간을 규칙적으로 갖기
위해 노력하지 않는다면, 부부 관계가 위험에 처하게 되고 믿지 않
는 배우자가 믿음을 갖는 것은 더욱 어려워진다.

아직 그리스도께 헌신되지 않은 남편은 아내와 신선하고 생기있
는 관계를 나눌 때, 그 아내가 가진 신앙에 대해 보다 쉽게 마음이
열리게 된다. 나오미 스타기는 부부가 즐겁게 할 수 있는 5가지를 제
안하고 있다.

- 서로 눈을 맞추도록 하라. 아이들을 돌보다 보면 남편과 서로 마
  주 바라보는 것을 잊어 버리기 쉽다.
- 편안한 소파에 앉아 서로 안아 주고, 입을 맞추도록 하라.
- 마당이나 신선한 공기를 즐길 수 있는 곳에서 아침 식사를 하라.
- 서로에게 사랑을 고백했던 연애 편지를 꺼내어 남편과 함께 읽어
  보라. [7]

· 새로운 일들을 같이 하면서 웃을 수 있는 시간을 갖도록 하라.

매력을 유지하도록 하라

사춘기에 있는 아이들이 이성에게 잘 보이기 위해 애를 쓰는 것
이 그들에게는 아주 자연스러운 일이다. 일단 사랑하는 사람을 만
나 결혼을 하고 몇 년이 지나고 나면, 아내는 남편의 관심을 끌기 위
해 외모를 관리할 필요가 없다고 생각하기 쉽고, 또 어떻게 보면 그
렇게 되는 것이 자연스런 일이다. 어쨌든 이제 아내는 남편에게, 남
편은 아내에게 속한 사람이다. 남자도 자신을 드러내 보여야 할 사
람이 없다고 생각하게 되면 옷차림에 별로 신경을 쓰지 않게 된다.
데릭과 릴리안 쿡은 다음과 같은 간단한 조언을 하고 있다.

> 아내가 둔감해지지 않고 고집을 부리지 않으며 따분함을 느끼게
> 하지 않는 것만으로도 남편과의 관계는 잘 유지될 수 있다.[8] 아내
> 의 변화에 대해 남편은 아무 말도 하지 않을 수 있지만 그는 분명
> 히 느끼게 된다. 남편들은 아내를 처음 만나 사랑하게 되었을 때의
> 사랑스럽고 매력적인 모습을 계속 유지해 주기를 바란다. 남편이
> 공개 석상에서 아내와 함께 있는 것을 자랑스럽게 여길 수 있다면,
> 그것은 집에서 갖는 아내와의 관계에 도움을 준다.

교회의 도움을 받도록 하라

하나님은 그리스도인으로서 우리가 가까이 있는 지역 교회에 적
극적으로 참여하기를 기대하신다. 하나님은 결코 우리가 홀로 격리

되어 그리스도를 따르는 제자가 되기를 원하지는 않으신다. 그래서 우리는 교회 공동체를 이루는 한 지체로서, 집안에서 일어나는 어려운 문제들의 부담을 혼자 짊어지고 가야 할 필요가 없는 것이다. 바울 사도는 로마에 있는 그리스도인들에게 교회 안에서 서로서로 도우라고 권면하고 있다.

> 우리 강한 자가 마땅히 연약한 자의 약점을 담당하고 자기를 기쁘게 하지 아니할 것이라. 우리 각 사람이 이웃을 기쁘게 하되 선을 이루고 덕을 세우도록 할지니라 (롬 15:1-2).

이 말씀에 의하면 우리는 교회 안에서 서로의 삶을 나누어야 한다. 이렇게 나누는 삶을 통해 하나님께서는 우리의 필요를 채워 주신다. 다음에는 믿지 않는 남편과 함께 사는 아내인 당신을 돕기 위해 교회가 할 수 있는 다음의 4가지 일들에 대해 생각해 보자.

1)함께 기도하라

교회 안에는 당신과 같은 처지에 있는 다른 그리스도인 아내들이 있다. 데릭과 릴리안 쿡은 새로운 전략을 이렇게 제시한다.

먼저 다른 아내들을 특별 기도 시간에 참여하도록 초청하라. 물론 모든 남편들을 위해 기도해야 한다. 그러나 현재 누가 특별히 복음에 가장 좋은 반응을 나타내는지에 대해 하나님의 말씀에 귀를 기울이며 분별력 있고 절제된 대화를 통해 찾도록 하라.

그런 다음 그가 예수님이 필요하다는 것을 알도록 합심해서 기도

하라. 그가 그리스도인이 되기까지 얼마나 오랜 기간이 걸리게 될지는 아무도 알 수 없지만, 그가 예수님께 반응하게 되면 다른 남자들이 예수님을 만나는 일에 도구가 되도록 기도하라.[9]

그가 당신의 남편일 경우 그를 위해 무엇을 어떻게 기도해야 할지를 아는 것은 매우 중요하다. 가능하다면 남편이 그리스도인이 되지 못하고 있는 이유가 무엇인지 생각나는 대로 그것들을 위해 기도하라. 남편이 왜 그리스도인이 되지 않으려는지를 잘 모르는 아내들도 있다는 것이 조사를 통해 드러났다.

당신이 이런 경우라면 성령님께서 당신을 인도해 주시기를 사람들과 함께 기도해야 할 것이다. 남편이 그 이유를 드러내지 않고 있다 할지라도 성령님은 그 이유를 아시고 당신을 인도해 주시고 통찰력을 주실 것이다.

질리안과 같이 어떤 아내들은 남편이 왜 그리스도를 영접하지 않는지에 대해 여러 번 들었을 것이다. 질리안의 남편은 종교는 약한 사람들을 위한 것이라고 생각하고 있다. 그는 자기의 삶을 잘 꾸려나가고 있고, 인생의 의미를 찾는 일에 신경쓸 필요를 느끼지 않는다고 말한다. 윌마는 자기 남편이 망설이는 이유는 그가 친구들의 반응과 자기 생활에 요구되는 변화에 대해 두려워하기 때문이라고 설명한다. 칼리의 남편은 지적인 사람으로 모든 일에 대해 근거가 뚜렷하고 분명한 증거가 있어야 믿는 사람이라고 한다.

그 누구도 하나님으로부터 영적인 계시를 받지 않고는 그리스도인이 될 수 없다. 하나님은 사람들의 마음 속에 일어나고 있는 내적인 역사들에 대해 자세히 알고 계시며, 그들이 필요로 하는 통찰력과 깨달음을 주신다. 우리가 기도할 때 하나님께서 이런 것들을 자주 허락해 주신다. 남편이 그리스도를 만나기 위해서 기도는 절대적인 것이다.

2)교회는 협조하라

많은 경우에 있어서 지역 교회는 남자들이 그리스도인이 되고 교회 생활에 잘 적응할 수 있도록 돕기 보다는 오히려 교회 생활을 어렵게 만든다. 이런 교회의 정책이나 강조점 중에 변화될 수 있는 것들에 대해 고려해 보기 위해, 먼저 교회 안에서 일반적으로 나타나는 3가지 현상에 대해 이해해야 한다. 먼저 교회 지도자들과 이런 문제를 가장 잘 해결할 수 있는 방법을 모색하기 전에 하나님께 도움을 청할 수 있다.

① 교회는 남자들에게 기회를 주어야 한다

부모들은 남자 아이들이 여자 아이들보다 진취적인 성향이 있다. 이러한 경향을 게빈 웨이크필드가 '대부분의 교회가 남자 성도들에게 요구하는 소극적이고 수용적인 자세는 그들에게 받아들이기 어려운 것이다' 라고 지적도 했지만, 남자들의 진취적인 성향은 성인이 되어서도 계속되기 때문에 교회 안에서 문제를 느끼게 된다.[10] 만일 교회 안에서 하나님을 섬길 수 있는 기회가 남자들에게 더 많이 주어진다면, 그들은 교회에서 보다 편안함을 느낄 것이다. 남자들이 소속감을 느끼기 위해서는 더 많은 역할이 주어져야 한다.

② 교회는 독립적이고 자립적인 사람들을 격려해야 한다

서구 사회를 포함한 많은 나라들에서 여자들은 순종적이며 수동적으로 반응해야 한다고 교육을 받으며 자란다. 반면에 남자들은 독립적이며 자립심을 키우도록 배운다. 그리고 때가 되면 아내와 가족을 부양해야 하는 책임이 그들에게 주어지게 된다. 이런 책임을 잘 감당하기 위해 그들은 창조적이고 혁신적인 생활을 하게 되고, 때로는 위험이 따르는 모험도 하게 된다.

게빈 웨이크필드의 주장은 우리에게 현 교회의 모습을 돌아보게 한다. 그는 대부분의 교회에서 순종과 책임은 긍정적인 것으로, 독립적이고 자립적인 것은 부정적인 것으로 평가되고 있다고 말한다. 이렇게 볼 때 교회 안에서 보고 듣는 것에 대해 남자들보다는 여자들이 긍정적으로 반응하는 것은 그리 놀랄 만한 것이 아니다.[11]

독립적이고 자립적인 성향이 남자들로 하여금 자기 자신과 자신의 판단을 의지하게 만드는 반면, 하나님은 창의적이고 혁신적이며 위험을 기꺼이 감수하는 사람을 찾고 계신다는 것은 아이러니이다. 중요한 차이는 그들이 누구를 신뢰하느냐에 달린 것이다.

히브리서 11장에서 우리는 믿음의 위인들에 대해 읽게 된다. 우리는 그들이 하나님의 말씀을 듣고 단순하게 신뢰하고 모험한 것을 본받도록 배운다. 오늘날의 교회는 그들의 본을 따르며, 팀의 한 구성원으로 일하며, 하나님을 위해 앞으로 나아갈 수 있는 헌신된 그리스도인 남자들을 절대적으로 필요로 한다.

③ 교회는 여자들에게만 적합한 곳으로 생각될 수 있다

교회가 일하는 방식은 남자들이 참여하는 것을 어렵게 만든다. 게빈 웨이크필드는 교회 안에 나타나는 몇 가지의 공통된 점들을 지적한다.

- 남자들은 특히 실수에 대해 예민하다. 기도책에 쓰여 있든 그렇지 않든 간에 잘못된 내용으로 기도하는 실수를 저질러서 그 위신이 떨어지는 것을 원하지 않는다.

- 우리 사회에서 남자들은 감정이나 걱정거리들, 개인적인 문제들에 대해 이야기하는 것을 편하게 생각하지 않는다. 그래서 여자가 대부분인 가정 모임은 남자들에게는 아주 어색한 곳이 된다.

- 아이들을 위한 프로그램은 교회가 여자들과 아이들을 위한 곳이라는 생각을 확인시켜 주는 활동이다. 특히 이런 프로그램을 맡은 지도자들이 여자인 경우는 더욱 그렇다.

- 아내가 혼자 집에 있을 때 목사가 가끔 지나가다 들른다면,남편은 집에 있을 때라 해도 목사가 방문하는 것에 대해 상당히 이상하게 느낀다.

- 교회에서 남자들은 무슨 일을 하는가? 남편이며 아버지이고 직장인일 뿐 아니라 가정 모임의 리더로, 성가대원으로, 장로로서의 역할을 한번에 다 해야 한다. 대부분의 남자들이 회심하기까지는 우정이 매우 중요한 역할을 하는데, 이런 일은 시간을 요구하는 일이다. 친구를 사귈 수 있도록 배려해 주는 교회가 과연 얼마나 될 것인가?[12]

3)교회는 실질적인 행사를 주관하라

남편이 예수 그리스도의 복음을 듣기를 원하는 것은 자연스런 아내의 바람이다. 그러나 이것은 조심스럽게 진행될 필요가 있다.

데릭과 릴리안 쿡은 만일 예배 시간에 떠드는 아이들이 많다면 남편을 데려가지 말라고 제안하다. 남편이 방해를 받고 피곤함을 느낄 수 있기 때문이다.[13] 교회가 크리스마스 캐롤을 중심으로 하는 모임이나, 복음 전도로 잘 알려진 성인 구도자를 위한 열린 예배가 있다면, 그런 모임에 남편을 초대하는 것은 잘 어울릴 것이다. 남편을 초대하면서 다른 사람들에게는 기도를 부탁할 수 있다.

믿지 않는 남편과 함께 사는 아내들을 대상으로 한 조사를 통해, 남편이 아내가 다니는 교회의 예배나 다른 행사에 얼마나 참석했는지를 보여 주는 통계 자료가 있다.

131명의 응답자 중에서, 9퍼센트는 남편이 정기적으로 교회에 나가고 있다고 대답했고, 55퍼센트는 어쩌다 한 번씩, 그리고 36퍼센트는 한 번도 나가지 않았다고 대답했다. 이 표본으로 선택된 사람들이 전국적인 상황을 대표하는 것으로 본다면, 이것은 약 1/3가량의 남편들만이 기독교와 교회에 대해 심하게 반대하며, 교회와 아무런 관계도 갖지 않으려는 사람들이라는 것이다. 그러므로 교회가 적절한 방법으로 초대한다면 많은 남편들이 참석하는 인상 깊은 행사들을 주관할 기회가 주어지게 된다.

4) 교회는 불필요한 것들을 제거하라

이상하게 들리겠지만, 교회가 예수 그리스도의 복음을 전하는 일에 헌신해야 함에도 불구하고 예수님을 믿는 데 방해가 되고 있는 것 또한 사실이다. 설문 조사의 결과가 이 사실을 보여 주고 있다. 남편이 그리스도인이 되는 데 교회가 도움이 되기 보다는 방해가 되었다고 생각되는 경우에 대해 기술해 달라고 한 질문에 응답자들은 염려가 될 만한 대답들을 했다.

줄리는 그리스도인들이 남편 앞에서 다른 그리스도인들에 대해 비판적으로 이야기할 때나 혹은 남편을 그저 볼품 없는 비그리스도인에 불과하다는 듯이 취급하며, 자신들은 모든 것을 알고 있는 것처럼 거만하게 말할 때 아주 난처했다고 한다. 제니퍼는 그리스도인들이 남편에게 자기들의 의견과 신앙을 강요할 때 어려웠다고 한다. 바바라는 비전에 대해 열렬하게 말하며 거룩한 모습으로 비춰지는 그리스도인들은 남편의 관심을 식게 만들 뿐이라고 했다.

윌마는 남편과 함께 교회에 갔던 일에 대해 모든 사람들이 그에게 친절했다고 한다. 그런데 다음날 그가 작업복 차림으로 교회에서 만났던 사람들과 이야기를 하려고 했을 때, 그들은 아무런 관심도 표하지 않았다고 한다. 이 일로 남편은 교회를 등지게 되었다고 한다. 데보라의 경우는 매우 흔한 예라 할 수 있다.

> "사람들이 남편에게 기독교에 대해 강요할 때 남편은 적대감을 보이죠. 그러나 만약 사람들이 부드럽고 존경을 표하는 자세로 다가가면 그는 들을 거예요."

질리안의 남편은 예배 때문에 교회에 가고 싶어 하지 않는다. 그녀는 이렇게 말했다.

> "남편이 예배에 참석하긴 했었는데, 너무 카리스마적이라고 하더군요. 특히 찬양의 내용들이 남편에게 심한 거부감을 느끼게 했어

요. 그리고 사람들은 남편을 구원받아야 할 영혼으로 여길 뿐, 개인적으로 친구가 되고 싶어하는 인상을 주지는 않았어요. 남편은 굉장히 외롭고 고독했기 때문에, 예수님만이 아니라 친구가 될 수 있는 사람들을 만나고 싶어했지요."

결론

나는 당신의 남편에게 무슨 일이 일어나게 될지 알지 못한다. 당신이 간절히 소망하는 기적이 일어날 수도 있다. 그러나 그것이 당신의 책임은 아니라는 사실을 아는 것은 매우 중요하다. 이 일은 남편과 하나님 사이의 일이기 때문에 하나님께서 당신의 모든 기도와 수고를 사용하실 수는 있지만 당신이 남편으로 하여금 그리스도를 따르게 할 수는 없다. 집에서 그리스도인으로서 좋은 증인의 역할을 못하는 것에 안타까움을 느끼는 한편, 자신의 노력이 도움은 되리라는 것을 이해하고 있는 아내가 있다면 그녀는 제대로 알고 있는 것이다. 우리의 삶과 증거가 하나님의 계획과 목적에 잘 부합될 때, 하나님은 강력하게 역사하신다.

N·O·T·E·S

1. Christine Noble, 'Walls of Lies', *Christian Family* (March 1990): p 12.

2. Derek and Lilian Cook, video *Husbands and the Kingdom* (Maranatha Ministries:Kirkby Stephen, 1992).

3. *The Alternative Service Book 1980*(Clowes, SPCK, Cambridge University Press:Colchester, 1980), p 290.

4. Joyce Huggett, 'Lop-Sided Love', *Christian Family* (June 1987): p 14.

5. Naomi Starkey, 'Whatever Happened to Fun?', *Christian Family* (November 1992):p 28.

6. Huggett, *op cit*, p 15.

7. Starkey, *op cit*, p 28.

8. Derek and Lilian Cook, *op cit*, tape 2.

9. *ibid.*

10. Gavin Wakefield, 'Barriers that keep men out of our churches', *Christian Woman*(December 1988): p 26.

11. *ibid* p 26-27.

12. *ibid* p 27.

13. Derek and Lilian Cook, *op cit*, tape 2.

한 가지 문제에 따른 좋지 않은 일들이 계속 일어나면
아이들은 그 문제에 대해 회의적이 될 수밖에 없다. 만일 부모 중 한 사람은
신앙 생활을 하고 다른 한 사람은 그렇지 않기 때문에 부모가 신앙 문제로 계속 다툴 때,
아이들은 종교에 관해 스스로 어떤 결론을 내리게 된다. 아마 여러 번 보고
들어 온 것을 기초로 결론을 내리게 될 것이며, '하나님과 교회가 사람들의 관계를
이렇게 만든다면, 내 사전에 종교란 없다' 고 생각하게 될 것이다.

6장
당신의 아이들에게 미치는 영향은?

자녀들이 부모들의 문제에 휩쓸리는 것은 여러 면에서 너무나 부당해 보인다. 그러나 함께 살고 있는 사람들은 집안에서 생겨나는 긴장과 갈등을 피할 수 없기 때문에, 아이들이 영향을 받는 것은 불가피한 일이다. 불행하게도 부모들의 신앙 문제로 인한 어려움 역시 다른 문제들과 마찬가지로 아이들에게 영향을 미치게 된다.

우리는 이 장과 다음 장에서 결혼 생활에서 신앙과 관련된 심각한 문제들이 아이들에게 미칠 수 있는 영향에 대해 살펴볼 것이다.

1. 갈등이 일어나는 영역

주일과 일요일에 대한 구별

예수 그리스도께서 한 주의 첫 날에 부활하신 이래로 그리스도인들에게 있어서 주일은 특별한 날이 되어 왔다. 신약 성경은 유대인들이 토요일을 그들의 안식일로 지켰던 반면, 예수님이 부활하신 후 그리스도인들은 그 개념을 달리하고 있음을 보여 준다. 교회의 머리가 되신 주님께서 부활하셔서 영원히 살아 계시는 분이심을 축하하는 날로 그들은 주일을 지켜야 한다고 믿었다.

그리스도인들이 주일마다 모여 예배드리는 자유를 갖지 못하게 할 사람은 없다. 그러나 다른 곳에서도 그렇듯이 영국에서 주일은 상거래를 하는 또 하나의 평범한 날이 되었고, 여가를 즐기고 오락을 할 수 있는 시설들이 개방되어 쉽게 이용할 수 있는 날이 되었다. 이런 추세는 부부가 신앙적으로 하나되지 못한 가정에 어려움을 더해 준다. 일요일에 무엇을 먼저 할 것인가에 대한 문제가 가족들에게 큰 소동을 야기시킬 수 있다. 재니스는 다음과 같이 말한다.

"남편은 저의 교회 활동에 대해서는 도움을 주지만 아들이 교회에서 활동하는 것에 대해서는 별다른 관심을 보이지 않아요. 그래서 문제가 생기기도 해요."

도나의 경우는 보다 충격적이다. 그녀의 남편은 아내의 신앙을 하나의 질병처럼 생각한다. 그녀는 "우리는 교회에 가기 전 무시무시한 가족 간의 소동을 치루어 왔어요"라고 말한다. 남편은 "당신이 그 쓰레기 같은 것으로 아이들을 세뇌시키려고 한다면, 난 마술로 아이들을 세뇌시킬 거야"라고 협박을 한다는 것이다.

재스민은 아이들이 하는 말을 들을 때 힘들다고 한다. 남편은 예배에 참석하지 않을 뿐 아니라 아이들이 주일 학교에서 발표회를 가질 때조차도 그렇다. 아이들은 다른 아이들이 아빠와 함께 예배에 참석하는 것을 보고 왜 자기 아빠는 함께 예배를 드리지 않는지를 알고 싶어 한다.

수우는 자신이 원하는 만큼 아이들에게 영향을 줄 수 없어서 안타까워 한다. 그녀는 아이들이 매주 교회에 가 주었으면 좋겠는데, 아이들은 그렇지 않기 때문에 가끔씩은 그들을 밀어보내야 한다. 그런데 남편이 그녀를 막게 되면 아이들은 자기들이 정말 원할 때가 아니고는 교회에 안 가게 된다. 딱하게도 아이들이 정말 자발적으로 교회를 가고 싶어하는 경우는 그리 많지 않다. 사라는 남편이 점점 어려운 입장에 놓이는 것을 보게 된다. 그녀는 이렇게 말한다.

"큰 아이 둘은 저와 같이 교회에 다니고 있어요. 우리가 교회에 있는 동안 남편은 집에서 막내를 돌보지요. 아이들은 아빠가 막내를 돌보아야 하기 때문에 교회에 올 수 없다고 이해하고 있어요. 남편은 이제 막내까지 자라서 우리와 함께 교회에 나가게 되면, 자신이 교회에 가지 않는 것에 대해 어떻게 아이들에게 설명해야 할지 모르겠다고 말하고 있어요. 그리고 자신은 교회에 나가지 않으면서 어떻게 아이들은 가도록 할 수 있을지 난감해 하구요. 간단히 말하자면 남편이 가진 문제는 기독교 자체에 대한 것이 아니라 교회 출석에 대한 것이죠."

아이들이 주일마다 불규칙적으로 어떤 때는 교회에 가게 되고, 또 어떤 때는 가지 않게 된다면 아이들에게 좋지 않은 영향을 미칠 것이다. 교회에서 성경을 연속적으로 가르칠 때, 아이들은 배우는 내용을 다 이해하지 못하게 된다. 그리고 다음 주에 교회에 나올 수 있을지에 대해 확실히 말할 수 없는 경우에는 친구들과의 관계에도 어려움이 따른다. 이런 일은 아이들에게 유익이 되지 못하며 안정된 부모를 가진 아이들과 자기들은 다르다는 느낌을 받게 된다.

기독교적인 자녀 교육

아이들이 자라서 성인으로서의 역할을 하며 살아가도록 준비시키는 일은 실제로 부모와 학교가 함께 해 나가고 있지만, 아이들이 크고 넓은 세계 속에서 살아가도록 준비시키는 일은 결국 부모가 책임을 져야 한다. 가정에서 부부가 자녀 교육에 대한 근본적인 의견의 차이를 갖게 된다면 문제는 복잡해진다. 결혼하기 전에, 아니면 적어도 아이를 갖기로 결정하기 전에, 이런 문제들에 대해서는 충분한 동의가 있어야 하지만, 어떤 문제들은 상황이 바뀌면서 불가피하게 생겨나기도 한다.

한 예로, 결혼한 후에 아내가 그리스도인이 되는 경우를 생각해 볼 수 있다. 이 경우 아이들에게 얼마만큼의 기독교 교육을 시킬 것인가에 대해 부부가 서로 다른 의견을 가질 수 있다. 카렌과 쏘냐는 이 문제에 직면해 있다. 남편에 대해 카렌은 이렇게 말한다.

"남편은 사람들 앞에서 제 신앙에 대해 비웃으며 절 무시해요. 자기는 하나님의 법을 따라 살 필요가 없다고 생각해요. 그러다보니 자연히 아이들 교육 문제와 생활 방식에 대해 의견의 차이가 생기고 갈등을 일으키게 돼요."

쏘나 역시 동감하며 말한다.

"아이들을 어떻게 키울 것인가에 대해 남편의 생각은 너무나 달라요. 저는 아이들과 함께 있을 때, 그리스도인으로서의 가치관을 가르치고 심어 주고 있어요. 그러나 아이들로부터 남편이 한 말을 들을 때는 화가 많이 나지요."

부모 중 한 사람은 아이들에게 하나님에 관하여 가르치는 것을 사명이라고 생각하는 반면, 다른 한 사람은 아이들에게 교리를 주입시키는 것으로 받아들여서 의심을 갖고 두려워 한다. 우리가 실시한 조사 결과에 따르면, 믿지 않는 남편들은 자기 아내 혹은 교회의 다른 사람들이 아이들을 교리화하는 것에 대해 두려움을 느끼고 있었다. 재스민더의 남편도 역시 이런 두려움을 가진 사람이다. 그녀는 힌두교를 믿다가 그리스도인이 되었고, 아이들이 하나님을 알도록 도와주고 싶어한다. 그런데 남편이 아이들에게는 하나님에 대해 가르치지 못하게 한다. 그는 힌두교를 신봉하지는 않지만, 아무도 아이들에게 선택의 자유를 빼앗아서는 안 된다고 생각한다. 재스민더는 남편의 반대에 대해 "남편은 '선택' 이란 단어를 사용하지만 결국 그것은 하나의 구실이라 생각해요"라고 말한다. 샌드라 역시 가정에서의 생활이 그렇게 쉽게 느껴지지는 않는다.

"남편은 아이들에게 종교는 오래된 쓰레기더미와 같다고 가르치며, 제가 아이들을 주일 학교에 보내려고 할 때도 원하지 않으면

갈 필요 없다고 아이들에게 말해요. 아이들이 누구 말을 듣겠어
요?"

힐러리의 경우도 비슷했는데 요즘은 조금 나아지고 있다.

"남편은 아이들이 세뇌당하는 것을 원하지 않았어요. 그래서 제가
식탁에서 기도하는 것도 못하게 했지요. 그러나 지금은 제가 기독
교인이 된 지도 오래 되었고, 남편이 더 이상 그런 일로 저를 실망
시키지 않아요. 그리고 요즘은 도덕적인 문제들에 대해서는 오히
려 제 편을 들어 주고 있어요."

비키는 자녀 교육 문제가 남편과 자기 사이에 생겨나는 불화의
핵심이라고 한다.

"남편은 제가 아들을 데리고 교회에 나가는 것을 엄청나게 염려해
요. 아들이 세뇌당한다는 거죠. 아직까지는 아들이 영아부에 있어
서 그렇게 심하게 반대하지는 않아요. 또 제가 영아부를 돕고 있으
니까요. 그러나 아이가 3살이 되면 주일 학교에 참석할 수 있는데,
남편은 벌써부터 아들이 주일학교에 가는 것을 자기는 원하지 않
는다고 말해요. 남편의 이런 주장은 저를 참 힘들게 해요. 아직까
지는 아들을 영아부에 데리고 다니는데, 아이가 3살이 되는 것이
두려워요."

아이들에게 있어 다투는 집안 분위기를 참아 내는 것은 그리 쉬운 일이 아니다. 그들이 부모를 똑같이 사랑한다면, 그 사이에 끼여서 정말 난처한 입장에 놓이게 된다. 부모 중 한 사람은 성경을 영감 있는 하나님의 말씀으로 믿는데, 다른 한 사람은 그저 하나의 종교적인 글들로 이루어진 책으로 생각한다. 한 사람은 사랑하고 돌보시는 하나님을 믿는데, 다른 한 사람은 하나님이 존재한다는 사실조차도 받아들이지 않는다. 한 사람은 우리가 예수 그리스도를 믿고 따르면 우리의 삶이 훨씬 더 풍성해질 수 있다고 믿는데, 다른 한 사람은 그런 일은 환상에 불과하다고 생각한다. 한 사람은 기도는 살아 계신 하나님과의 의미 있는 대화라고 생각하는데, 다른 한 사람은 기도하는 사람은 심각한 망상에 빠져 있다고 생각한다. 아이들은 자기들이 사랑하는 두 사람 사이에서 이런 엄청난 괴리를 보면서 불안과 당혹감을 느낄 것이다. 필리파의 남편은 종종 자기는 믿지 않는다고 말하는데 이것이 열두 살 된 딸을 혼란스럽게 한다는 것이다. 이런 부모를 가진 아이들은 무엇을 믿고 받아들여야 할지 모른다. 그러나 이사벨은 오랫동안 교회에 다닌 아들에게 일어난 일로 인해 힘을 얻을 수 있었다고 한다.

"어느 날 우리 큰 아들이 자기 친구들과 방에서 하는 이야기를 듣게 되었어요. 아이의 친구들은 종교에 대해 뒤죽박죽 생각하고 있었는데, 우리 아들이 그런 생각들을 바로잡아 주는 것이었어요. 그 동안 아들은 성경 공부 모임을 통해 배울 수 있었던 것이지요."

도덕적 가치관

부모가 서로 다른 신앙을 가졌거나 한 편이 아예 무신론자일 경우에 아이들에게 생겨나는 더 심각한 문제는 그들이 청소년기나 어른이 된 후, 그들의 생활에 영향을 미칠 도덕적인 기준을 갖지 못하게 된다는 것이다. 우리가 원하든 원하지 않든 간에 하나님의 진리에 기초를 둔 도덕적인 기준과 살아 있는 신앙을 갖지 않은 사람들에게 받아들여지는 기준은 경우에 따라 엄청나게 다르다. 그 이유는 간단하다. 하나님은 그를 믿는 사람들이 순결함과 의로움에 기초한 삶의 본을 보이기를 원하시기 때문이다.

하나님은 "보라, 내가 거룩한즉 너희도 거룩할지어다"(레 11:44)라고 이스라엘 백성에게 말씀하셨다. 하나님은 이스라엘 백성이 하나님과 그 이웃에 대해 책임감 있고 존경받을 만한 삶을 살도록 돕기 위해 지켜야 할 계명을 주셨다(출 20:1-17). 절대적으로 의로우신 하나님께서는 그의 백성들도 그를 기쁘시게 하기 위해 의로운 삶을 살도록 가르치셨다. 예수님의 가르침과 더불어 신약 성경의 기자들도 이를 확증해 주고 있다. 하나님은 그리스도를 따르는 제자들이 생활 방식에서나 도덕 기준에 있어서도 예수님을 따르기를 기대하신다.

그리스도인들은 성경에서 윤리적인 기준을 배우고, 그 기준을 목표로 삼는다. 그러나 하나님께 대한 살아 있는 신앙을 갖지 못한 사람들은 이런 절대적인 윤리 기준을 갖지 못한다. 그들은 어떤 시대에 어떤 일정한 상황에서 가장 최선의 공정한 판단이라고 인정되는 것을 따르는 '상황 윤리'에 의존하며 살고 있다. 삶에 대한 이 두 접근 방식은 엄청난 차이를 나타낸다. 성경은 혼외 성관계에 대해 금하고 있으며, 성교는 사랑과 헌신으로 맺어진 결혼 관계를 풍성하게 하기 위해 하나님께서 허락하신 것이라고 가르친다.

그러나 하나님과 그의 진리에는 별 관심이 없고 인본주의적인 견해를 가지고 살아가는 사람들에게 혼외 성관계는 극히 정상적이며 아무런 해를 끼치지 않는 것으로 받아들여진다. 그리고 동거와 계약 결혼에 대해서도 그들은 같은 견해를 가지고 있다.

언어 습관과 행동 기준이 서로 다른 부모 밑에서 자라는 아이는 그가 자라서 스스로의 결론을 내릴 수 있기까지 상당한 혼란을 겪어야 한다. 그 때까지 아이들은 어떤 종류의 책과 테이프는 괜찮고, 어떤 말과 행동은 받아들일 수 있다는 등의 부모들의 다툼 속에 휘말리게 된다. 부모들이 한마음이 되지 않는다면, 아이들은 서로 다른 사람들을 본으로 삼아야 하는 커다란 혼동 속에 빠지게 된다. 다이아나의 가정이 바로 그와 같다. 그녀는 이렇게 말한다.

"남편과 제가 갑자기 당하는 문제들에 대해 서로 다른 의견을 가지게 되면, 아이들은 누구를 따라야 할지 몰라 어려워했어요. 남편은 아들에게 진화에 대해서, 혼전 성관계라든가 동거, 거짓말과 속임수 등 도덕적인 문제에 대한 자기의 견해를 말해 주곤 했어요. 저도 제 관점을 이야기해 주지만, 무엇보다도 남편이 진리를 볼 수 있게 되기를 기도해요. 또 아이들이 옳지 않은 생각들로부터 보호받을 수 있도록 기도하지요."

매기의 상황도 이와 비슷한다.

"저는 그리스도인이 따라야 할 원리대로 살려고 늘 노력하고 있지
만 쉽지는 않아요. 남편과 저는 우리 딸들이 어떤 TV 프로그램을
시청하고 어떤 책을 보며 또 어떤 남자 친구들과 어울려야 하는가
에 대해 서로 의견이 많이 달라요. 어떤 때 저는 남편에게 지고 말
아요. 우리가 서로 다투는 것을 아이들에게 보이고 싶지 않아서요.
아이들을 혼동시키고 싶지 않거든요."

린다도 이렇게 말한다.

"제가 타협할 수 없거나 정말 받아들이기 싫은 일들이 벌어지기도
해요. 그래서 불평을 하다가도 세상을 살아가자면 그런 일을 겪어
야 하고, 아들도 그런 것들을 피할 수만은 없는 일이라고 생각해
요. 그렇지만 만일 남편이 하나님을 저주하는 것을 아들이 보고 배
우게 된다면 어떻게 아들을 말릴 수 있겠어요. 그저 믿음 위에 굳
게 서서 제가 믿고 있는 것에 대해 거듭 설명해 줄 수밖에 없지요."

맨디도 심각한 문제에 부딪혀 있다. 남편의 큰 누나가 6년 전부터
같이 살고 있는데, 그 누나는 여러 가지 복잡한 문제가 많고, 매우
세속적이며 세상적인 가치관을 가지고 있다. 맨디는 그것이 매우
참기 어려웠고, 또 아들이 그리스도인의 관점을 가지고 자라도록
남편의 누나와 담판을 지어야만 했다. 어려운 상황을 잘 해결해 나

가는 부모들도 있다. 앤의 경우가 그렇다.

"남편이 늘 잘 도와 주고 있어요. 아이들에 대해서도 늘 남편과 상
의할 수 있고 또 서로 돕기도 하구요. 우리의 도덕관이나 윤리관이
언제나 같지는 않지만, 우리는 그런 것들에 대해서 언제나 대화로
풀어 나가고 있어요."

케이도 많은 문제들을 잘 해결해 왔고 이제는 아이들이 그녀의
믿음을 존중한다.

"올해 스무 살, 스물두 살난 우리 두 아들이 좋아하는 TV 프로그램
이나 음악은 내가 좋아하는 것과는 전혀 달라요. 하지만 그 아이들
은 아주 순종적이고 사랑스러워요. 자기들이 좋아하는 것을 보다
가도 내가 들어가면 채널을 돌리거나 끄지요."

나는 설문 조사에서 아내들과 남편들의 응답을 비교해 보면서 흥
미로운 사실을 보게 되었다. 대부분의 아내들은 남편이 믿지 않기
때문에 아이들을 키우는 데 느끼는 어려움에 대해 이야기하는 반
면, 남편들은 단지 두 명만이 이 문제를 지적했다. 대부분은 자녀 교
육에 있어서의 문제점에 대한 질문에 아무 어려움이 없다고 대답했
고, 한 사람은 아이들이 교리화되지만 않는다면 아무 문제가 없다
고 대답했다. 그리고 또 한 사람 데이비드는 아내가 너무 많은 시간
을 교회에서 보내기 때문에 딸 아이와 충분한 시간을 나누지 못하

는 것이 문제라고 지적했다. 일반적으로 남편들은 아내들이 경험하는 긴장과 절망감 같은 것은 별로 느끼지 않는 듯하다.

2. 아이들의 반응

부모가 신앙적인 면에서 일치하지 못하기 때문에 가정에서 빚어지는 긴장 상태 속에서 자라는 아이들이 나타내는 반응은 다양하다. 여기서 우리는 그 아이들의 반응에 대해 살펴보자.

부모 중 한 편을 따른다

한 어린이 혹은 사춘기에 있는 아이가 사랑하는 부모 사이에 심각한 불화가 있음을 알면 심한 고민에 빠지게 된다. 만일 부모 두 사람의 입장이 다 그럴듯해 보이고, 둘 다 분명한 이유를 가지고 있는 것처럼 보일 경우 아이들은 상당한 혼란에 빠지게 된다.

아이들은 자신들이 요구하거나 원하지도 않았던 이런 상황을 어떻게 극복할 것인가에 대해서, 또한 그들이 성장함에 따라 부모가 가진 문제가 어떤 것이며, 두 사람 사이에 무슨 일이 벌어지는지 점차로 이해하게 된다. 그리고 스스로의 결론을 찾기 위해 기나긴 과정의 첫걸음을 내딛게 된다. 그리스도인의 믿음에 대해 두 부모가 다 동의해 주지 않을 경우, 이 젊은이는 이를 더 알아볼 것인지 그렇지 않은지를 결정해야 한다.

폴린의 세 딸들은 신앙에 관해서 어머니를 따르는 경향이 있다. 폴린은 그 사실에 대해 이렇게 말한다.

"남편은 언제나 기독교에 대해 상당히 부정적으로 생각해요. 사람
이 죽으면 그것으로 끝이기 때문에 지금 최상의 삶을 살아야 한다
고 생각하지요. 그는 사람들이 단지 영생을 위한 보험 증서를 얻기
위해 그리스도인이 된다고 말해요. 그러나 전 항상 긍정적인 면에
대해 이야기하고 딸들은 제 생각을 따르고 있어요."

그러나 불행하게도 리즈의 아이들은 그렇지 않다.

"우리 아이들은 이제 다 컸어요. 그 애들은 남편의 반 기독교적 입
장을 비롯해 여러 가지 영향을 받고 있어요. 남편은 아주 술고래였
어요. 그리고 술에 취하면 난폭하고 비열해져서 무슨 일을 벌일지
예상할 수가 없었어요. 다른 알콜중독자의 아내들처럼 저도 혼자
힘으로 아이들을 키웠어요. 남편은 이제 더 이상 술을 마시지는 않
지만 사고로 몸을 다친 후 일을 할 수가 없게 되면서 술 마실 때와
비슷한 증상을 일으키는 진통제에 의지해서 살아가고 있어요. 감
사하게도 자신의 이런 형편에 대해 상담을 했고 지금은 진통제를
많이 줄일려고 노력하고 있지요. 우리 아이들 중 아무도 교회에 다
니지는 않아요. 큰애는 하나님을 믿지 않는다고 말하고, 둘째는 교
회를 떠났어요. 둘 다 아버지를 따라가고 있고 하나님과는 무관하
게 살아요."

좀더 어린 아이들은 다른 문제에 부딪힌다. 어떤 문제에 대해 생
각할 수 있는 능력이 아직 없는 상태에서, 서로 다른 입장을 취하고

있는 두 부모의 눈치를 살피면서 한쪽을 선택하는 것은 정말 힘들
고 고통스러운 일이다. 결국 그들은 부모 중 한 편을 따르게 되는데,
그들의 선택은 이성에 근거한 것이라기보다는 본능적인 것이다.

한 아내는 "우리 두 사람에게 속한 아이들이고 함께 키우고 있지
만, 99퍼센트는 제가 아이들을 돌보고 있어요"라고 말했다. 남편은
대부분의 시간을 직장에서 보낸다. 이런 경우 아내가 직접 아이들
을 다루기 때문에 아이들과 가까워진다. 그래서 어머니가 그리스도
인이고 아버지는 아닐 경우, 아버지가 집에 있더라도 아이들은 즐
겁게 어머니를 따라 교회로 가게 된다.

좀더 자라면서 특히 남자 아이들은 아버지의 본을 받기 시작한
다. 아버지가 그리스도인이 아니어서 교회에 나가지 않을 경우, 아
이는 따분한 교회에 가느니 차라리 아버지와 함께 집에 있기로 결정
하게 된다. 물론 이런 결정을 하면 어머니와는 충돌하게 된다. 이런
상황에서 부모를 모두 기쁘게 하는 것은 불가능한 일이다. 아버지가
교회에 가지 않는데 왜 자기는 교회에 가야만 하는지 이해할 수 없
다고 말하는 아들에 대해 이야기하는 어머니가 있는 반면, 브렌다는
남편이 어떻게 아이들을 망신시켰는지를 이야기 한다.

"남편은 욕을 하면서 제가 보기에는 정직하지 못한 일들을 했어요.
전에는 폭력을 쓰면서 자기를 포함해 우리 식구 모두를 죽여 버리
겠다고 협박하는 것을 아이들이 들은 적도 있어요. 아이들이 친구
를 집에 데리고 왔다가 아빠가 하는 행동을 보고 창피해 했지요."

아이들은 일반적으로 이런 상황을 잘 이해하지 못하고 죄책감과 수치감을 경험할 뿐이다. 그리고 이런 일이 생긴 것은 자기들이 잘못했기 때문이라고 생각하게 된다. 이럴 때 아이들에게 그들의 잘못이 아니라는 것을 확인시켜 줄 필요가 있다.

안타까운 일

아이들은 적어도 가끔씩은 부모를 기쁘게 해 주고 싶어 한다. 부모들은 아이들이 늘 그렇게 해 주기를 바란다. 그리고 아이들은 칭찬받기를 원한다. 아이들은 부모로부터 잘했다는 칭찬을 받게 될 때 정말 기분이 으쓱해지는 것이다. 그런데 경우에 따라 부모 중 한 사람으로부터 정말 진실한 칭찬을 받을 수 없다는 것을 알게 될 때 그것은 정말 괴로운 일이다.

예를 들어 예수님께 진지하게 자신의 삶을 드렸던 한 어린이가 자라 이제 확신을 가지고 그리스도인으로서 세례받을 때가 되었다고 하자. 그리스도인으로서 그의 어머니는 무척 기뻐할 것이다. 그러나 아버지는 무슨 일이 일어나고 있는지는 잘 모르지만 정해진 날짜에 특별한 행사가 있을 것이며, 모든 사람들이 자기가 그 행사에 참석하기를 원한다는 것을 곧 알게 된다.

그는 이런 일을 별로 대수롭지 않게 여긴다. 사실 그 날 감기로 자리에 들어 눕게 된다면 더 잘 된 일이라고 생각할지도 모른다. 교회에 다니지 않는 사람이 교회에서 벌어지는 특별한 행사에 참석해야 한다는 것은 생각만 해도 망설여지는 일이다. 솔직한 것은 좋지만 아버지의 이런 태도는 학습을 받거나 세례를 받는 젊은이에게는 상당히 실망스러운 것이다. 물론 어느 부모도 자녀들에게 맘에도 없는 기쁜 모습을 요구하지는 않는다. 그러나 우리가 젊은이의 입장에서 본다면, 진정한 격려와 지지를 부모 중 한 사람으로부터만 받는다는 것이 얼마나 안타까운 일인지를 이해할 수 있을 것이다.

정신적인 고통

아이들은 가정에서의 심각한 불화가 너무나 고통스럽다. 집안에 다툼이 일어나고 서로에게 화를 내며 걱정이 온 집안을 채울 때, 다른 사람들처럼 아이들도 상당히 정신적인 고통을 당하게 된다.

교회에 대한 작은 불만이나 집안에서 어떤 것이 용납되는지의 여부에 대한 부부 간의 사소한 논쟁으로 불거진 불화가 온 집을 다 태워 버릴 만큼 확대될 수도 있다. 부모들은 서로의 의견 차이로 다투는 것 뿐이지만, 아이들이 부모의 다툼에 자신들이 결부되어 있다는 것을 알게 되면 또 다른 문제가 생겨날 수 있다. 이런 상황 속에서 아이들은 종종 죄책감을 느끼게 된다. 어린 아이들이나 10대의 청소년들에게 부모의 주장을 가만히 듣는 것만큼 그들을 속상하게 하는 일은 아마 없을 것이다. 그리고 자기들은 아무것도 할 수 없다는 좌절감마저 느끼게 된다.

조사 결과에 따르면 단순히 부부 중 한 사람이 그리스도인이라는 사실 때문에 가정에 끊임없는 불화가 생기는 것으로 보이지는 않는다. 그러나 혹 그런 경우가 있다면 그 가정의 아이들은 애매하게 상당한 고통을 당하게 되며 부모를 용서하는 것이 쉽지 않게 된다.

종교적 신앙에 대한 불만

한 가지 문제에 관련된 좋지 않은 일들이 자꾸 일어나게 되면 아이들은 그 문제에 대해 회의적이 될 수밖에 없다. 만일 부모 중 한 사람은 신앙 생활을 하고 다른 한 사람은 그렇지 않기 때문에 부모가 신앙 문제로 계속 다툴 때, 아이들은 종교에 관해 스스로 어떤 결론을 내리게 된다. 아마 여러 번 보고 들어 온 것을 기초로 결론을 내리게 될 것이며, '하나님과 교회가 사람들의 관계를 이렇게 만든다면, 내 사전에 종교란 없다' 고 생각하게 될 것이다.

어느 누구도 젊은이들의 이런 결론을 비난할 수는 없다. 집안에 불화를 일으키는 근본적인 원인에 대해 불만을 품지 않을 수 없기 때문이다. 엠마의 부모 중 한 사람은 그리스도인이고 다른 한 사람은 그렇지 않다. 이 때문에 가정에 문제가 생기는 것에 대해 엠마는 불만이다. 그녀는 이렇게 말한다.

"저는 주일 학교에도 다녔고 교회 활동에도 참여했었어요. 그런데 지금은 다 그만두었어요. 왜냐하면 너무 따분해요. 엄마는 일주일에 적어도 네 번은 교회에 가세요. 그리고 그것 때문에 아빠는 늘 화를 내시죠. 엄마가 그리스도인이라는 것에 대해서 안 좋게 생각하는 것은 아니지만 너무 강압적이세요. 제가 착하게 살아야 하는 이유를 말씀하실 때마다 하나님을 끌어들이시거든요."

이제 중년이 된 아놀드도 비슷한 가정 환경에서 자라났고 기독교에 대해 좋지 않게 생각하는 듯하다.

"어머니는 동생과 제게 늘 강요를 하셨어요. 어떤 때는 심한 논쟁으로 이어지고 결국 아주 어렵게 되곤 했지요. 그리고 교회에서 밀려나 버린 듯한 아버지가 불쌍하게 느껴졌어요."

3. 불화가 미치는 영향

전쟁터에 나갔던 병사들이 정서적인 고통을 안고 돌아오는 경우가 종종 있듯이, 상당한 기간 동안 가정 내에서의 불화를 겪으며 사는 사람들에게는 치루어야 하는 대가가 있다. 여기에는 불행하게도 아이들이 가장 큰 희생자가 된다. 집안에서 일어나는 다툼이 아이들에게 미치는 영향을 살펴보기 전에, D. W. 위니콧씨가 제기한 질문에 대해 먼저 생각해 보자.

정상적인 아이의 모습은 어떤가? 그저 먹고, 자라고, 예쁘게 웃기만 하는가? 그렇지 않다. 그런 아이를 정상적이라고 하지는 않는다. 엄마 아빠를 신뢰하는 정상적인 아이들은 무슨 일이든 최선을 다하려고 한다. 방해하고, 부수고, 위협적이 되며, 파괴적이 되고, 허비하고, 논쟁하며, 소유하려는 일조차도 열심을 낸다. 가정을 위협하는 이런 아이의 태도를 부모가 잘 다스릴 수 있게 되면, 아이는 곧 다시 안정을 찾을 수 있게 될 것이다. 그러나 그 전까지 아이는 한 번쯤은 도전하고 시험해 볼 것이다. 특히 부모들이 가정을 이끌어 가는데 안정감을 보여 주지 못할 때 더욱 그렇다.[1]

아이들은 안정된 분위기를 찾는다. 긴장 상태가 계속되는 가정에서 자라게 되면, 아이들은 자기들이 서야 할 위치를 잘 알지 못하게 된다. 함께 사는 사람들 사이에 어떤 이유로든 다툼은 생겨날 수 있다. 그런데 부부 중 한 사람이 외도를 해서 싸우게 되는 경우나 아니면 부부가 그리스도 안에서 하나 되지 못함으로 오는 의견 차로 다투는 경우나, 아이들에게 미치는 영향은 별로 다르지 않다. 그래서 이제부터 잠시 동안은 이 책의 중심 주제인 부부 사이의 신앙적인 차이 때문에 생기는 문제를 떠나, 가정에서 일어나는 일반적인 불화가 아이들에게 어떤 영향을 미치는지에 대해 살펴보고자 한다.

아이들은 전에는 겪어 보지 못한 긴장된 분위기나 감정적인 동요를 경험하게 되면 불안을 느끼게 된다. 로즈메리 웰스가 아래에서 이야기하고 있듯이 아이들은 집안 사정이 어떻다는 것을 잘 알고 있다. 아이들은 아빠가 술취하면 화를 낸다는 것을 잘 알고 있다. 학교에서 돌아 오면 엄마가 집에 없다는 것도 알고 있다. 아이들은 엄마 아빠가 아이들을 통해서만 서로 이야기하는 그런 분위기에 익숙해져 있다. 그리고 그것이 가정의 모습이라고 생각한다. 그래서 아버지가 집을 나가 버리겠다고 한다거나, 어머니가 그들을 떠나 버리겠다고 말하는 상황이 벌어지게 되면, 그 때는 자신들의 안전이 위험에 처한다는 것을 느낀다.[2]

또한 다툼이 잦은 부부는 너무 지나치게 행동하거나 심한 말로 다투지 않는 한 싸움을 하는 것은 자연스러운 일이고 또 있을 수 있는 일이라고 생각할 수도 있으나, 이것이 아이들에게는 어떤 영향을 미칠 것인가에 대해 생각해 볼 필요가 있다. 감수성이 예민한 아이들의 부모는 부부 사이의 갈등으로부터 가능한 한 아이들이 영향을 받지 않도록 보호해야 할 책임이 있다. 특히 그 문제가 아이와 직접적으로 관계된 경우는 더욱 그렇다. 집에서 일어나는 심각한 가정 문제를 견뎌야 할 경우, 아이들은 그들에게 필요한 안정된 분위기를 잃어 버리게 되고 그 결과 감정적으로 불안정한 어른들이 될 수 있기 때문이다. '엘렐 사역 팀'에서 함께 일하고 있는 스티브 헤프덴은 문제를 가지고 있는 불행한 부모 아래서 자란 아이들은 거절당한 느낌마저 받게 된다고 말한다. 또 종교적인 문제에 대해 부모로부터 강요를 받은 아이들은 자기 자신을 거부하는 율법주의나 전통주의에 빠지게 되고 융통성을 잃게 된다고 한다.[3]

D. W. 위니콧은 아이가 집에서 누려야 할 안정감을 잃게 될 경우 어떤 일이 일어나는지에 대해서 다음과 같이 설명하고 있다.

> 집에서 안정감을 느끼지 못하는 아이는 보호를 받을 수 있는 다른 곳을 찾으려 하는 성향이 강하다. 할아버지 댁이나 큰 집, 가족의 친구들, 학교 등을 찾아다닐 것이고, 미칠 것 같기 때문에 안정감을 찾으려고 노력할 것이다. 집에서 잃어 버린 안정감을 학교와 친구들을 통해 얻으려 할 것이다.[4]

결론

가정 내에 심각한 문제가 있거나 부부가 갈등 속에 있을 때, 또 하루를 견뎌 내야 한다는 것이 부모에게도 하나의 큰 과제처럼 느껴지고 또 실제로도 그렇다. 그러나 이런 상황 속에서도 아이들은 부모를 의존하고 있다는 것을 간과해서는 안 될 것이다.

부모들은 아이들의 육체적이고 물질적인 필요를 채워주는 것만
으로 그 역할을 다 했다고 말할 수 없다. 그것만으로는 결코 충분하
지 않다. 아이들도 무엇인가 빠져 있다고 느끼지만 그것이 무엇인
지는 잘 알지 못한다. 부모들이 오랫동안 의견의 불일치를 해결하
지 못할 때 아이들은 정서적으로 불안해진다. 그리고 부모들이 서
로의 생각과 의견을 존중하지 않기 때문에 조화를 이루지 못하는
가정에서 아이들은 고통을 당하게 된다. 완전히 해결되지는 못하고
누적되어 있는 가정의 문제들로 인해 희생을 당하기에는 아이들이
너무나 소중하다. 신앙의 문제가 결혼 생활 속에서 빚어지는 어려
움들과 관련되어 있을 때, 아무 죄 없는 아이들이 받게 될 타격은 보
다 심각한 것이다. 그렇다면 긍정적인 대책을 세우는 것이 무엇보
다 시급한 일이다. 우리는 다음 장에서 가능한 해결책들을 논의할
것이다.

N·O·T·E·S

1. D. W. Winnicott, *The Child, the Family, and the Outside World* (Penguin
   Books:Harmondsworth, 1964), p 227.
2. Rosemary Wells, *Helping Children Cope with Divorce* (Sheldon Press:
   London,1989), p 4-5.
3. Steve Hepden, *Explaining Rejection* (Sovereign World: Tonbridge, 1992),
   p 46-47.
4. Winnicott, *op cit*, p 228.

7장
어떻게 아이들을 도울 수 있을까?

아이들은 거친 세상 속에서 자라가야 한다. 그런데 신앙과 같은 인생의 중요한 문제들에 대해 서로 다른 생각을 가진 부모들 때문에 추가적인 긴장을 느껴야 한다면, 그들에게 세상은 더욱 살기 어려운 곳이 될 것이다. 이 장은 그리스도인 부모들을 주 대상으로 한다. 여기서 우리는 생각보다 더 어려운 시대를 살아가야 할 자녀들을 위해 할 수 있는 일들에 대해 생각해 볼 것이다. '이런 상황 속에서 어떻게 하면 우리의 자녀를 가장 잘 도울 수 있을 것인가?' 라는 질문에 대답하면서 영적인 면과 실제적인 면이 결합된 문제 해결에 초점을 맞추어 세 가지 측면에서 생각해 보도록 하자.

1. 설명

아이들은 오래 살지는 않았지만 수용력이 매우 뛰어나다. 계속해서 중요한 질문들을 하는 아이들에게 일관성 있는 정직한 대답을 하는 것이 매우 중요하다. 아이들의 이런 질문들을 그냥 무시해 버리는 시도는 거의 성공하지 못한다. 부모가 하나님, 기독교, 교회에 대해서 서로 다른 의견을 가지고 있다는 것을 알게 되고 가정에 갈등이 생기는 것을 경험할 때, 아이들은 이런 것들을 서로 이야기할 기회를 가져야 한다. 그들에게 필요한 대화의 영역에 대해 살펴 보자.

진실

아이들이 언제나 솔직한 것은 아니다. 그러나 그들은 어른들이 자기들에게 솔직할 것을 기대한다. 부모가 어떤 문제에 대해 의견의 차이를 보이고 있다면, 아이들은 그것이 무엇인지를 알고 싶어한다. 이것이 왜 중요한지를 로즈메리 웰스는 다음과 같이 설명한다.

템즈 텔레비전 방송은 조사를 통해 부모들이 아이들과 대화함에 있어 가장 큰 걸림돌이 되는 요인을 다음과 같이 지적하였다. 그것은 첫째, 부모들이 아이들과 집안일에 대해 좀처럼 대화하지 않는다는 것이고, 둘째는 아이들이 가족의 일원으로서 대화에 참여하는 것을 대체로 허락하지 않는다는 것이다. 그러나 조사에 응한 아이들은 모두 가정에서 무슨 일이 일어나고 있는지 알고 싶어 했고, 부모들이 자기들의 의견을 존중해 주고 그들의 필요에 대해 알아 주기를 바랐다. 아이들은 일이 잘못되어 가고 있음을 느낄 수 있다. 그리고 그 때문에 생겨나는 염려와 걱정은 아이들이 어떤 사실에 대해 아는 것보다 훨씬 더 악영향을 미칠 수 있다.[1]

불필요한 오해와 두려움을 진정시켜 주는 역할을 한다는 면에서 솔직하고 정직한 대화는 매우 중요하다. 보통 아이들은 어떤 것에 대해 사실보다 훨씬 더 심각하게 생각할 수 있다. 남편이 신앙 생활을 하지 않기 때문에 가정에서 일어나는 문제가 대부분 신앙에 관한 것이라면 아이들에게 그것에 대해 섬세하게 잘 설명하도록 하라. 아이들에게 복음을 주입시키는 기회로 삼지는 말라. 다만 당신의 믿음이 어떤 의미가 있으며, 당신이 그리스도인이라는 사실이 왜 기쁜지를 간단하게 설명하라. 그런 다음 하나님에 대해 아버지는 다르게 생각하고 있다는 것을 설명하라. 그리고 아이들과 이 문제에 대해 같이 이야기해 볼 것을 제안하고, 당신의 관점이 남편의 것과 어떻게 다른지에 대해 설명하라.

어떤 상황에 대해 아이들에게 설명할 때, 정직하고 공정한 자세를 유지하는 것이 가장 중요하다. 당신의 생각이 아이들에게 영향을 미치게 하면, 그 결과에 대한 책임이 당신에게로 돌아온다. 아이들은 당신이 한 말을 기억하고 그들을 조종하려고 했다는 것에 대해 반감을 품을 수도 있다. 대화를 나눌 수 있는 적절한 시간을 선택하는 것도 중요하다. 잠자리에 들기 전이 친밀한 대화를 나누기에 가장 좋은 시간이지만 그 시간은 정신적으로 피곤을 느끼는 때이기도 하다. 이야기를 나눈 후 오랫동안 잠을 이루지 못할 뿐 아니라, 추가적인 질문들을 바로 할 수 없는 불리함도 있다. 이런 대화를 하기에 가장 좋은 시간은 주말 오후와 같이 여유가 있는 때이다.

사랑
아이들이 안정되지 못한 상황 속에서 지내야 할 때, 그들에게 가장 필요한 것은 확신이다. 로즈메리 웰즈는 한 소년이 어려운 시기에 어떻게 부모의 도움을 받고 사랑을 확신하였는지에 대해 다음과 같이 이야기한다.

담임 선생님은 학생들에게 방학 동안에 있었던 일들 중 가장 기억에 남는 일에 대해 글을 써 보라고 했다. 열두 살이었던 그 아이는 부모님이 이혼한다는 말을 들었던 날에 대해 이렇게 썼다. 부모님은 그 아이를 그들 가운데 앉힌 후 한 손씩을 잡고, 그의 아버지가 먼저 말을 했다

"애야, 우리는 엄마 아빠가 헤어지기로 한 것에 대해 네가 가장 먼저 알기를 원한단다. 우리가 이혼하기로 한 것이 네게 큰 충격이 되겠지만, 우린 둘 다 널 무척 사랑한다는 것을 꼭 기억하도록 하렴."

그 아이는 아버지의 눈에 눈물이 고였고, 어머니는 '우리는 널 사랑한단다' 라고 되뇌이며 울음을 참지 못하였다고 한다.[2]

우리 모두는 다른 사람들이 우리를 사랑하고 인정한다는 것을 알아야 하지만, 이런 확신은 아이들에게 가장 필요하다. 아이들은 거듭해서 같은 이야기를 들을 필요가 있다. 특히 그들이 긴장을 느끼는 불안한 환경에 놓여 있을 때 더욱 그렇다. 만일 아이들이 남편과 당신 사이의 불화로 인해 조금이라도 불안을 느끼고 있다면 아이들에게 사랑하고 있다는 것을 자주 말해 주도록 하라. 그들은 이런 사랑에 고마움을 느낄 것이며, 그들이 당신에게 얼마나 소중한지를 확신하는 데 큰 도움이 될 것이다.

복음에 대한 소개

아이들에게 당신의 입장을 설명할 때, 그것을 예수 그리스도의 복음을 전하기 위한 기회로 삼으려는 것은 그리 좋은 자세가 아니라는 것을 앞에서 언급했다. 여기서도 그 제안은 그대로 적용된다. 아이들은 당신에게 무엇을 믿고 있으며 또한 왜 믿는가라는 질문을 직접 하게 될 수도 있다. 이것은 당신을 곤경에 빠지게 할 수도 있으며, 명확하고 분명한 대답을 할 수 있는데도 그렇게 하지 못하면 당신은 부정직하게 된다. 또 아이와 복음을 나눈 것에 대해 남편이 항의할 수도 있다.

스테파니는 이런 곤경을 겪고 있다. 남편에게 아이들이 교리화되고 있다는 느낌을 주지 않으면서도 어떻게 아이들이 성경에 대해 더 배우고 예수 그리스도를 따르도록 도울 것이냐가 그녀의 최대의 과제였다고 한다. 이것은 수많은 그리스도인들이 겪어야 하는 어려움이다. 매들린은 어린 두 딸에게 예수 그리스도에 관해 가르치는 것에 대해 남편이 반대했던 때를 회상하며 이렇게 말했다.

"처음에는 드러내고 화를 냈어요. 그러더니 나중에는 비웃고 조소하며 은근히 압력을 가했어요."

이런 일은 중요한 문제를 야기한다. 성경은 우리에게 예수 그리스도에 관해 증거할 것을 요구하는 반면, 남편은 아이들에게 그리스도에 관해 이야기하는 것을 동의하지 않을 때, 우리는 누구를 따라야 할 것인가? 나는 이 질문에 당신 대신 대답해 줄 수 없고, 또 해서도 안 될 것이다. 그러나 아이들에게 하나님께서는 그들을 얼마나 사랑하시고, 그들이 하나님께 사랑으로 반응하기 원하신다는 것을 잘 설명해 줄 수 있는 때가 올 것이다. 조심스러운 가정의 상황을 고려하면서도 적절한 기회가 주어지면, 그리스도께서 그분을 신뢰하는 사람들과의 관계에(마 10:21-22, 34-38) 대해 말씀하신 것을 설명할 수 있다.

주님은 모든 사람들이 주님을 환영하며 따를 것이라고 말씀하지 않으셨다. 그보다 주님은 그를 따르는 제자들이 겪게 될 반대, 오해, 거절에 대해 가르치셨다. 집에서 벌어지는 일은 주님께서 하신 말씀이 이루어지는 것이며, 아이들이 이런 상황에 대해 이해하는 것은 아마도 최선의 일이 될 것이다.

이유에 관한 설명

일관성이 없을 때 가정에 큰 문제가 생기게 된다. 줄리가 아들에게 허용해 주는 TV 프로그램이나 영화에 대해 남편은 다른 견해를 가지고 있는데, 그것이 가정에서 겪는 어려움 중의 하나라고 한다. 그녀는 "남편은 아들이 무엇을 보든 별로 상관하지 않는 것 같아요"라고 말한다.

이런 경우에 아이들은 부모 중 한 사람의 결정에 대해 불만을 품을 수 있기 때문에 이에 대해 적절한 설명을 해 주어야 한다. 아이는 "아빠가 계시면 보게 하실텐데요"라고 말할 것이다. 그리고 그 말은 사실이다. 그러나 만일 어떤 특정 프로그램을 아이가 보는 것에 대해 직감적으로 옳지 않다고 느끼고 보지 못하도록 해야 할 경우에는 아이에게 그 이유를 잘 설명해 주어야 한다. 물론 아이는 그 이유를 즐겁게 받아들이지 못할 수도 있다.

좀더 심각한 문제들에 대해서도 마찬가지다. 예를 들어 왜 결혼하지 않은 사람들이 동거해서는 안 되는지, 그리고 혼외 성관계는 왜 옳지 않다고 생각하는지를 아이들에게 잘 설명해 주어야 한다. 베드로 사도가 "너희 속에 있는 소망에 관한 이유를 묻는 자에게 대답할 것을 항상 예비하고 있으라"(벧전 3:15)고 말한 것처럼, 당신도 책임있는 대답을 할 수 있어야 한다.

기독교는 이성적인 가르침이며 하나님께서 왜 하나님의 방법대로 살도록 하시는지에 대한 분명한 이유가 있다. 물론 예수님을 주님으로 모시지 않는 사람들에게는 기독교가 가지는 도덕과 윤리를 쉽게 요구할 수 없다. 그러나 적어도 우리가 왜 그리스도인의 사고 방식으로 살아가는지에 대한 이유는 분명하다. 아이들을 돕기 위해서 당신의 입장을 잘 이해시키고 지금까지 논의한 네 부분들에 대해 설명해 주는 것은 매우 중요하다.

2. 격려

예루살렘의 초대 교회 회원이었던 바나바는 자신의 소유를 판 돈을 하나님의 일에 사용하여 성도들에게 큰 기쁨과 격려를 주었다(행 4:36-37). 긴장과 갈등이 있는 가정 안에서 격려하는 일은 매우 의미 있는 사역이다. 바울 사도는 "더욱 더 큰 은사를 열심히 사모하라"(고전 12:31)고 우리에게 말하고 있는데, 아마도 당신이 처한 상황 속에서 격려하는 은사가 당신이 사모해야 할 가장 큰 은사일지도 모른다. 남편과 신앙적으로 하나 되지 못함으로 빚어지는 문제들 때문에 아이들이 어려울 때, 그들을 격려하고 도와줄 수 있는 몇 가지 방법들에 대해 생각해 보자.

대화

위기감을 느끼게 되면 아이들은 쉽게 사실 이상의 부정적인 생각에 사로잡히는 반면, 실제로 무슨 일이 벌어지는지에 대해서는 확실히 모른다는 것을 앞에서 언급했다. 이런 상황 속에서 부모가 할 수 있는 가장 좋은 것은 아이들이 자기들의 생각에 대해 이야기하도록 격려하는 일이다.

아이들에게 문제가 생겼을 때, 아이들이 부모를 찾아와 이야기해 주기를 바라는 것은 부모들이 갖는 자연스러운 기대이다. 그러나 아이들은 성장하면서 자기들의 생각을 털어놓을 수 있는 다른 사람들을 찾게 된다. 로즈메리 웰스는 아이들의 이런 모습에 대해 다음과 같이 말하며 부모들을 안심시키고 있다.

> "많은 아이들은 개인적이고 심각한 문제에 대해 부모보다는 다른 사람들과 이야기하는 것을 훨씬 더 편안하게 느낀다. 이것은 매우 정상적이므로 마음이 상할 필요는 없다."[3]

중요한 것은 안정되지 못한 가정에서 자라나는 아이들은 그들이 이야기해야 할 필요를 느낄 때 찾아갈 수 있는 누군가가 있어야 한다는 것이다. 아이들이 부모와 이야기하고 싶어할 때, 부모들은 아이들의 생각을 고치거나 방해하지 말고, 그들의 느낌과 생각을 들어 주는 것이 매우 중요하다. 이렇게 들어 준다는 것이 자연스럽거나 쉽지는 않겠지만, 다음의 두 가지 이유 때문에 잘 들어 주는 일은 무엇보다 중요하다.

첫째는 아이들은 자신들이 가치 있는 인격체로서 인정받고 있으며, 자기들의 생각이 진지하게 받아들여지고 있다는 것을 알 필요가 있기 때문이고, 두 번째는 장래에 문제가 생겼을 때, 부모와 상의하는 것이 가장 안전하고 효과적인 해결책을 찾는 길임을 아이들이 확신할 수 있게 되기 때문이다.

아버지와 시간을 나누도록 하라

당신은 그리스도를 향한 살아 있는 신앙을 가진 반면 남편은 그렇지 못할 때, 삶에 대한 서로 다른 가치관으로 인해 가정에 위기가 닥쳐올 수 있다. 당신은 아이들이 빨리 그리스도인이 되기를 바라면서 가능한 한 그들을 당신 가까이에 있게 함으로써 그들을 보호하려고 애쓸 것이다. 그리고 남편의 생각이 늘 당신의 생각과 같지 않다는 것을 알기 때문에, 아이들이 자라는 데 남편이 너무 많은 영향을 미치지 못하게 막고 싶을 것이다. 그런데 당신이 그렇게 할 때 아이들에게 미칠 수 있는 위험은 어떤 것일까를 생각해 보아야 한다.

예를 들어 남편이 영화를 보여 주기 위해 아이들을 데리고 나간 것에 대해, 당신은 정말 못마땅하게 생각할 수 있을 것이다. 그러나 아이들은 아버지만이 줄 수 있는 것들을 필요로 한다. 정서적으로

균형잡힌 사람으로 성장하기 위해서, 아이들은 당신과 시간을 보내는 만큼 아버지와도 시간을 보낼 필요가 있는 것이다.

이 문제에 대해 좀더 생각해 보도록 하자. 모든 아이들이 아버지보다는 어머니와 더 많은 시간을 보낸다. 이런 불균형을 시정하기 위해 남편에게 아이들을 데리고 나가도록 격려해 보는 것은 어떻겠는가? 반드시 돈이 많이 드는 곳을 가야 하는 것은 아닐 것이다. 그저 동네 주변을 산책하는 것만으로도 충분할 수 있다. 중요한 것은 아이들이 아버지와 이야기할 수 있고 아버지와의 관계를 개발해 나가는 데 있다. 아이들이 별 도움이 되지 않는 것들로부터 영향을 받는 것에 대해 불안감을 느낄 때, 당신이 할 수 있는 두 가지가 있다.

첫째, 당신은 남편에게 이 일에 대해 조심스럽게 이야기해 볼 수 있고, 둘째로는 기도할 수 있다. 아이들을 하나님의 보호 아래 맡기는 것보다 더 좋은 방법은 없다. 우리가 원하든 원치 않든 아이들은 다른 곳이 아니더라도 학교에서 온갖 종류의 좋지 않은 영향을 받게 된다. 하나님께 그들을 보살펴 주시도록 기도하고 아이들이 보고 듣는 것에 대해 건전한 판단을 내릴 수 있도록 도와 주시기를 간구하라.

기도

가족 중에 당신만 예수님을 믿는 사람이라 할지라도 당신만이 기도로 하나님께 나아갈 수 있는 것은 아니다. 교회에는 가 보지도 않았고 그리스도를 따르기로 분명하게 헌신하지는 않았다 할지라도, 나는 매일 밤 자기 전에 기도한다고 말하는 사람들을 종종 만나곤

한다. 하나님께서 그들의 기도를 듣지 않는다고 누가 말할 수 있겠는가? 하나님은 은혜롭고 자비로우시며 사랑이 많은 분이심을 생각해 볼 때, 그들이 진정한 마음으로 드리는 기도를 하나님께서 무시하리라고 쉽게 결론내릴 수는 없다.

부모 중 한 사람만이 그리스도인이기 때문에 가정에서 일어나는 문제들로 인해 아이들이 어려움을 겪어야 하는 상황에서도 이 원리는 적용된다. 아이들이 고통과 혼란을 겪는 것을 볼 때, 그런 것들에 대해 하나님과 이야기하도록 제안할 수 있다. 이렇게 제안하는 것을 통해 남편에게 불성실하지 않으면서도 아이들에게는 당신이 하는 것에 대해 분명하게 이야기할 수 있다. 이해해 줄 수 있는 사람에게 자신이 생각하고 있는 것들을 표현한다는 것이 얼마나 당신에게 도움이 되는지를 설명해 주라. 당신이 개인적으로 이런 경험을 했다면 하나님께서 주셨던 힘과 평안에 대해 이야기해 줄 수 있을 것이다. 열세 살된 딸을 돕고자 노력해 온 질은 이렇게 말한다.

> "딸아이는 다섯 살부터 시작해서 일년 전까지는 교회를 다녔어요. 지금도 교회에 나가지는 않지만 기도는 계속하고 있어요. 우리는 그 아이가 경험하는 문제들에 대해 같이 이야기하고 함께 기도하지요. 주님께서는 그 아이를 위해 늘 문제를 해결해 주셨어요."

주위에 있는 그리스도인 가정과의 교제

무엇보다도 당신은 남편과 아이들이 그리스도를 알게 되기를 원한다. 그리고 가능하다면 아이들이 자라서 독립하기 전에 그리스도인이 되기를 바랄 것이다. 이 일을 위해 당신은 무엇을 할 수 있을까?

당신이 할 수 있는 일 중의 하나는 아마도 이웃의 그리스도인 가정, 온 가족이 그리스도를 따르는 가정과 교제하는 일이 될 것이다. 이 일은 당신이 그 가정의 주부와 먼저 좋은 관계를 맺을 때 가능하다. 그리고 그 가정과 서로 나눌 수 있는 공통점이 있을 때 더욱 바람직한 관계가 맺어진다. 두 가정의 식구들이 개인적으로 서로 잘 어울려 지내게 되면, 당신의 아이들은 그리스도께서 한 가정에 미치는 영향을 보게 될 것이다. 물론 그 가정이 당신의 가족들에게 영적인 일에 대해 강요하는 일이 없도록 조심하고 민감해야 하지만, 당신의 남편이나 아이들이 그들에게 하나님과 교회에 관해 질문할 때 그들은 기꺼이 대답해 줄 수 있다.

주일 예배에 참석하기

아이들은 다양한 것들로부터 영향을 받지만 그 중에서도 부모들을 통해 가장 큰 영향을 받게 된다. 부모 중 한 사람만 교회에 다니게 될 경우, 아이들은 누구를 따라야 할지 결정하기 어렵게 된다. 그리고 그들이 성장함에 따라 사람들이 별로 교회에 다니지 않는다는 것을 알게 되면서, 교회에 꼭 나가야만 할 것인가에 대해 심각한 질문을 던질 수도 있다.

이 시점에서 사실 당신은 자녀들을 돕는 중요한 역할을 하게 된다. 너무 강압적이거나 직선적으로 요구한다면 아이들이 반발하겠지만, 자상한 격려는 큰 도움이 될 것이다. 아이들이 자라 갈수록 왜 교회에 나가야 하는지에 대한 이유를 설명해 주는 것은 중요한 일이다. 만일 아이들이 교회가 따분하고 자기들에게 잘 맞지 않기 때문이라면, 그들의 의견을 존중해 주고 그들이 잘 적응할 수 있는 다른 교회를 찾도록 제안하라.

아이들이 어떤 선택을 하게 되든 중요한 것은 아이들이 어떤 일을 결정해야 하는 중요한 시기에 있을 때 도움을 줄 수 있어야 한다는 것이다. 아이들이 당신의 조언을 따르지 않는다 하더라도 최선을 다한 것에 대해서는 하나님께서 인정하신다. 그리고 아이들이 어려움을 겪고 있을 때 그냥 내버려 두지 않는 것이 중요하다. 열일곱 살된 아들을 둔 메리의 경우는 다음과 같다.

"우리 아이는 아홉 살 때까지는 주일 학교에 다녔어요. 그런데 그 이후로 교회에 보내는 일이 어려워지기 시작하더군요. 물론 계속 격려는 했어요. 종종 저와 같이 교회에 나가긴 했지만, 친구들 중에 교회 다니는 아이가 없었기 때문에 우리 아이도 점점 흥미를 잃어 가더군요. 남편은 아들에게 마음대로 하라고 했구요."

교회 안에서 우정을 나눔

아이들이나 젊은이들이 교회에 대해 회의적이거나 어려움을 느끼면서도 계속 교회에 나오게 되는 이유 중의 하나가 바로 친구들과의 우정이다. 청년회 내에서 나누는 깊은 우정 때문에 많은 사춘기의 청소년들이 교회에 남아 있으면서 회심을 하게 된다. 부모가 아이들을 위해 친구들을 선택해 줄 수는 없지만, 아이들이 친구를 선택하는 일에 최소한의 영향을 미칠 수는 있다. 일반적으로 아이들이 교회 내에서 영적인 교제를 나눌 수 있는 청년회 활동에 참여할 때, 교회 밖에서의 우정을 갖는 경우보다 훨씬 쉽게 그리스도를 영접하고 따르게 된다.

교회 내의 다른 젊은이들과 친구가 되는 것은, 특별히 그들이 그리스도인 가정에서 자라는 아이들이라면 당신의 아이들에게 많은 유익이 될 것이다. 그 친구들 집에 놀러가서 그리스도인 가정이 어떻게 다른지를 보게 될 것이다. 물론 그리스도인 가정이 완벽한 것은 아니지만, 당신의 자녀가 그리스도인이 되고 가정을 가지게 될 때, 그리스도인 배우자를 만나 가정을 이루는 것이 얼마나 중요한 것인지를 이해하는 데 좋은 경험이 될 것이다.

3. 모범

우리 모두는 자신이 이루고자 하는 일에 있어서 적절한 시범을 통해 배우는데, 아이들의 경우도 예외는 아니다. 아이들은 자라면서 본이 될 사람을 찾고, 그들이 허구 속의 인물이든, 이미 세상을 떠났든 아직 살아 있든 간에 그들로부터 영향을 받게 된다.

이제 우리가 생각해 보아야 할 것은, 그리스도인 부모로서 아이들이 따를 수 있는 본이 됨으로 어떻게 적극적으로 아이들의 성장을 도울 것인가에 대한 것이다.

그리스도인의 삶을 유지함

생활이 비교적 안정되고 자리가 잡히게 되면 그리스도를 충성스럽게 따르는 것이 그렇게 어렵지 않다고 생각하는 그리스도인들도 있다. 믿음의 진정한 깊이는 문제에 부딪쳤을 때 확인된다. 어려운 시기에 우리가 가진 믿음이 삶에 어떤 영향을 미치는가에 의해 믿음을 확인할 수 있다.

어떤 그리스도인들은 늘 문제 속에 살아가는 것 같다. 아마도 믿지 않는 남편을 가진 그리스도인 아내들은 어려움이 끊이지 않는 생활을 하고 있을 것이다. 그들이 그리스도와의 관계를 진지하게 생각하는 한 생활 속에서 일어나는 어려움과 긴장은 없어지지 않을 것이다. 로스는 남편이 자기와 함께 교회에 나가지는 않지만 남편과 세 자녀에게 본이 됨으로 좋은 영향을 미치기 위해 늘 고심하고 있다.

> "남편이 원하지 않는 일은 강요하고 싶지 않아요. 언젠가 제가 보이는 본을 통해 배우기를 기대하고 있어요. 그리고 남편이 제게 소중한 사람이란 것을 느끼고, 그를 대신할 그 어떤 다른 사람도 없다는 것을 늘 확인시켜 주고 있어요."

아이들은 부모가 서로 상반된 의견을 가지고 있을 때, 서로를 어떻게 대하는지 보면서 자란다. 어떤 일이 터지기 전에 아이들은 무엇이 부모들의 감정을 상하게 하고 서로 다투게 하는지를 미리 알아차리고 있다. 그리고 누가 누구를 화나게 했고, 또 어떤 문제 때문에 싸운다는 것에 대해 자기들 나름대로 결론을 내리기도 한다.

어려운 여건 속에서 살아 계신 그리스도가 드러날수록 당신은 아이들이 그리스도인으로서 어떻게 반응해야 하며 어떻게 살아야 하는지를 이해하도록 도울 수 있다. 아이들에게 가까운 사람의 삶 속에서 살아 움직이는 기독교를 보는 것은 그들에게 분명히 엄청난 영향을 미칠 것이다.

민감하고 화목한 모습을 나타냄으로

이 땅에 사는 동안 예수님은 평범한 사람들과 많은 시간을 보내셨다. 그리고 그들 중에는 아주 가난한 사람들도 있었다. 예수님께서 그들과 만나는 이야기들을 복음서를 통해 읽을 때, 우리는 그 사람들을 향한 주님의 사랑과 연민을 볼 수 있다. 예수님은 시간이 지나감에 따라 점점 심하게 공격해 오며 화를 내고 질투하는 종교 지도자들에게도 관심을 보였다. 가정에서 당신이 처한 입장도 매우 어려울 것이다. 그리스도인 아내들이 주일 예배에 참석하는 일을 비롯해 교회 활동에 참여하려고 할 때, 가정에서 빚어지는 어려움들에 대해 우리는 이미 살펴보았다. 그리고 남편이 다른 생활 방식을 요구하게 되면 다툼과 긴장이 일어나기 십상이다. 안젤라는 남편이 그리스도인이 아니기 때문에 아이들의 부모로서 그들 부부 사이에 생겨나는 문제에 대해 이렇게 이야기 한다.

"일요일 아침에 우리집 식구들은 긴장감을 느끼게 돼요. 왜냐하면 제가 아이들을 교회에 데려 가려고 준비하고 있는데, 남편은 아이들을 데리고 할아버지 댁으로 가려고 하기 때문이죠."

아이들은 이런 긴장에 지치게 되고, 부모의 어느 한쪽에 대해 동정하는 마음을 갖게 된다. 아이들은 부모들이 서로의 입장에 대해 열려 있고 때때로 서로의 관점에 대해 사랑과 존경을 표하기 위해 융통성을 보이려는 자세에 대해 고마움을 느끼고 부모를 귀하게 생각하게 될 것이다. 그리스도인인 아내가 이 일에 앞장 서서 본을 보일 때, 기독교는 거칠고 완고한 율법주의를 따르는 것이 아니라, 사랑과 이해와 화해를 이루는 것이라는 진리를 재확인시켜 주게 된다. 안젤라는 때때로 주일에도 예배를 드리러 교회에 갈 수 없기 때문에 자신의 신앙이 자라지 못하고 있다고 느낀다. 그녀는 "저는 가족들과 하나님 사이에 균형을 이루어야만 하거든요"라고 말한다. 그러나 한편으로 요즘 남편이 그녀가 교회 나가는 일에 대해 좋게 생각하고, 가끔씩 기독교 신앙 서적을 읽기도 하는 것에 대해 기쁨을 느끼고 있다.

성경적인 도덕 기준을 유지함으로

이 시대를 사는 사람들은 종종 어떤 상황에서 그것의 옳고 그름을 떠나서 최선이라고 생각되는 것을 하도록 길들여지고 있다. 실제로 많은 사람들은 경직된 도덕적 기준보다는 각자의 기준을 설정하고 사는 것이 더 낫다고 생각한다. 이런 생각은 성경으로부터 하나님의 절대적인 기준을 배우고, 그 기준을 따라 사는 그리스도인들에게는 문제가 된다.

서구 사회에서는 이미 분명한 도덕적 기준에 맞추어 살려고 하는 것이 시대에 뒤떨어진 방식이라고 인식한다. 그리고 그리스도인들은 예수 그리스도를 본받아 사는 삶이 점점 더 이상한 것으로 받아들여지는 세속적인 물질 만능 시대에 살고 있다. 우리 아이들은 옳고 그른 것, 좋고 나쁜 것에 대한 개념이 이미 구시대적인 것으로 여겨지는 사회 속에서 살고 있다. 그들은 그들을 지도해 줄 절대적 도덕 기준 보다는 단지 그들이 원하는 것을 하면 된다고 배우고 있다.

하나님은 그리스도께 헌신되고 하나님 아버지께 순종하며 성령으로 충만하고 겸손하며, 의롭고 거룩한 사람들로 우리를 부르셨다. 하나님은 비록 가족들과는 일치된 삶을 살 수 없더라도 그분이 원하시는 삶의 수준을 따를 것을 우리에게 요구하신다.

이와 같은 일은 쉽지 않은 일이며 때때로 갈등을 빚어내기도 하지만, 하나님은 믿음의 삶을 드러내기 어려운 가정에서 우리가 그를 위한 증인이 되도록 부르셨다. 포울린은 특별히 몇 가지 일로 갈등하고 있다고 고백한다.

"우리 큰 아들은 이혼한 사람과 결혼을 했고, 그리스도인이라고 자칭하는 작은 아들은 여자 친구와 살면서 딸을 낳아 키우고 있어요. 저는 그 사실을 쉽게 받아들일 수가 없어요. 그러나 남편은 이런 일이 전혀 잘못된 일이라고는 생각하지 않아요."

가정에서 당신이 본을 보이는 것은 가정을 위한 하나님의 계획에 있어서 가장 중요하다. 만일 당신이 하나님께서 원하시는 도덕적인 기준을 따라 살면서 만족을 느낀다면, 가족들이 아무 말을 하지 않는다 할지라도 당신은 그들에게 영향을 미치고 있는 것이다.

외부의 도움을 받음

어려움을 당하게 될 때 인생의 고난을 경험하고 있다고 생각하는 것이 일반적인 반응이다. 사람들은 종종 아무것도 할 수 없는 상황에서 조차도 무엇인가를 할 수 있다는 인상을 주고 싶어한다. 왜냐하면 실패를 인정하는 것이 부끄럽게 여겨지기 때문이고, 다른 사람들이 어떻게 생각하느냐가 매우 중요하기 때문이다.

어떤 사람에게는 외부의 도움을 요청하는 것이 수치스러운 일이다. 목회자로서 나는 나나 내 아내로부터, 혹은 외부의 전문가로부터 도움받기를 거절하는 사람들을 많이 안다. 그들은 도움을 받는다는 사실이 너무 수치스럽게 느껴지거나, 아니면 문제의 실체에 직면할 준비가 되어 있지 않기 때문이다. 사실 이런 장애를 극복하려고 노력하는 것이야말로 가장 중요한 일이다.

여기서 두 가지 중요한 사실이 있다. 첫째는 우리가 도움을 필요로 할 때는 그 도움을 받아들여야만 하고, 둘째로는 아이들이 우리가 도움을 어떻게 받아들이는지 보아야 한다. 아이들에게 도움에 대해 본을 보이는 것은, 우리 자신이 도움을 받는 것만큼이나 중요하다. 아이들은 살아가면서 문제가 생길 수 있다는 것과, 그 문제들에 직면해야 한다는 사실을 받아들이는 것이 인생을 살아가는 최선의 길이라는 것을 배워야만 한다.

실제로 우리에게 닥친 문제들을 인식하고 기도할 때 우리는 하나님께 가까이 나아가며 그분의 도움을 받는다. 좀 자란 아이들은 특별히 어떻게 그들의 문제에 직면할지를 우리의 본을 통해 배워야만 한다. 그들은 우리가 어떻게 영적인 문제와 실제적인 문제들을 함게 결합시켜 당면한 문제들을 해결해 나가는지를 보아야 하는 것이다. 우리가 기도할 뿐 아니라 교회의 지도자들이나 상담가들을 찾아 의논하는 것도 보아야 한다. 우리 자신이 책임있게 행동하면서 자녀들이 미래를 잘 준비하도록 돕는 것이 바로 우리의 목표이다.

결론

우리는 자녀들이 앞으로 인생을 더 살아갈 것을 안다. 그리고 그들이 예수 그리스도를 알 때, 이 땅에서 뿐만 아니라 영원히 그들의 삶을 풍요롭게 펼쳐 나가리라는 것을 안다. 아이들이 의식하든 못하든 간에 그들에게 예수 그리스도는 그 누구보다, 그 무엇보다 중요한 분이시다. 우리가 그들을 위해 할 수 있는 최선의 것은 그들이 스스로 그리스도를 알도록 돕는 것이다.

아이들은 그리스도 안에서, 연합된 가정에서 자라는 것이 가장 이상적이다. 그러나 그렇지 못한 상황이라면 이것은 부모 중 그리스도인인 사람이 큰 부담을 안게 된다는 것을 의미한다. 그리고 당신이 그 입장에 있다면 이 일이 얼마나 힘들고 고된 일인지를 잘 알 것이다.

영적인 면에서 아이들을 가장 잘 돕는 길은 당신 자신이 주님과 가까이 동행하는 것이다. 당신이 예수님과 깊은 교제를 나눌 때, 성령의 능력이 당신에게로 그리고 당신을 통해 흘러 나오며 그렇게 될 때 아이들을 도울 수 있는 능력을 갖게 된다. 당신이 가정에서 그리고 가족들과의 관계 속에서 주님을 위해 살아가는 것은 하나님께서 당신의 아이들에게 말씀하실 수 있는 기회를 드리는 것과 같다.

이것이 바로 하나님께서 하나님과 아이들을 위해 당신에게 요구하
시는 것이다.

N·O·T·E·S

1. Rosemary Wells, *Helping Children Cope with Devorce* (Sheldon Press: London, 1989), p 10.
2. *ibid*, p 13.
3. *ibid*, p 26.

교회는 예수님이 동정심을 보였던 것처럼,
다양한 어려움을 가진 사람들이 용납되고 이해되는 그런 분위기를 만들어야 한다.
그리스도인들이 그들을 위해 시간을 낼 때, 그들에게 확신을 주고
힘을 북돋워 주는 경험을 할 수 있다. 특별히 그리스도께 헌신되지 못한
남편을 가진 아내들에게 이것은 더욱 필요하다.

8장
교회는 어떻게 도울 수 있는가?

지금까지 우리는 당신이 처한 상황에 대해 당신 자신과 가족들의 입장에서 살펴보았다. 이제 마지막으로 교회가 당신의 삶에서 감당해야 할 중요한 역할에 대해 생각해 보자. 물론 이 책이 기본적으로 당신을 위해 쓰여졌기 때문에, 이 제안들이 도움이 된다고 생각하지만, 당신이 교회에서 실제로 실행에 옮길 수 있는 것은 별로 없을 것이다. 그러므로 이 장은 당신이 속한 교회에 방향을 제시할 수 있는 교회의 지도자를 위하여 쓰여졌다.

이 책을 읽은 후 교회의 지도자들에게 선물함으로써 교회는 당신과 같은 사람들을 보다 더 잘 돕게 될 것이다. 구체적으로 이 문제들을 다루기 전에 모든 교회를 향한 하나님의 목적에 대해 먼저 생각해 보자. 이웃이나 학부모들에게 교회에 대해 어떻게 생각하는 지를 물어보면 대부분 부정적인 반응을 보인다. 불행하게도 많은 사람들이 좋지 않은 경험을 했고, 교회를 무시하는 경향을 띠며 자기들과는 아무런 상관도 없는 것으로 생각한다.

우리 사회의 모든 조직체들은 서로 같은 생각을 가진 사람들의 모임으로 이루어진다. 그 중 교회야말로 가장 많이 오해를 받고 인정받지 못하는 곳이다. 교회에서의 당신의 경험은 이보다 긍정적이기를 바란다.

예수님은 자기를 따르는 사람들에 대해 '교회'라는 단어를 처음으로 사용하셨다. 어부였던 시몬은 예수님을 '그리스도요 살아 계신 하나님의 아들'(마 16:16)이라고 정확하게 대답하였다. 예수님은 그에게 베드로(바위)라는 이름을 주시며 "이 반석 위에 내 교회를 세울 것이라"(마 16:18)는 말씀을 하셨다. 베드로는 예수님을 오랫동안 기다려온 유대인의 메시아로 알았기 때문에 예수 그리스도를 따르기로 결정한 사람들의 공동체를 세우는 데 중요한 역할을 맡았던 것이다. 그의 역할은 예수님의 제자들이 성령으로 충만함을 입게 된 오순절에 두드러지게 나타났다(행 2:4). 군중들이 제자들을 가리켜 술에 취한 자들이라고 비난했을 때, 베드로는 그 기회를 놓치지 않고 곧바로 설교를 했다. 성령의 인도함을 받은 그는 그들의 비난에 대해 반박했을 뿐 아니라, 예수 그리스도에 대한 진리를 힘있게 선포했다(행 2:14-36). 하나님은 베드로의 설교를 사용하셨고, 많은 사람들이 죄를 회개하고 어떻게 하나님과 화목할 수 있는지를 알고자 했다.

베드로가 그들에게 죄를 회개하고 그리스도를 믿으라고 말했을 때, 삼천 명이 예수님의 제자가 되기로 결단하였고 그 지역에 살던 사람들은 예루살렘에서 그리스도의 교회를 형성하게 되었다. 누가는 당시 초대 교회의 삶의 모습이 어떠했는지를 말하고 있다. 그리스도인들은 예배를 드리기 위해 모였고, 가르침을 받았으며, 기도하며, 함께 교제를 나누며 떡을 떼었다.

그들은 실제적인 면에서 서로를 도왔으며, 그리스도의 제자들로서 서로 사랑하고 서로에게 헌신되는 연합을 이루었다. 하나님께서 이런 그들의 삶을 통해 계속해서 사람들을 그리스도께로 인도하심으로 그들을 축복하신 것은 놀랄 일이 아니다(행 2:42-47).

이런 성경 구절들은 시대와 나라를 막론하고 하나님께서 원하시는 교회의 사역과 삶의 중요한 요소가 무엇인지를 우리에게 보여 준다. 신약의 다른 곳에서도 우리는 교회에 대한 가르침들을 볼 수 있다. 그리고 그런 가르침은 보다 폭넓고 광범위하게 교회를 이해할 수 있도록 도와 준다.

1. 하나님께서 원하시는 교회

가족 공동체

바울 사도는 '하늘과 땅에' 있는 존재로 하나님의 가족을 언급하고 있다(엡 3:15). 땅에 거하는 사람들은 '믿음으로 말미암아 예수 그리스도 안에서 하나님의 아들들'이며(갈 3:26), '하나님의 아들로서의 명분'을 가졌고, 그의 '유업을 이을 자들'(갈 4:5-7)이다. 바울 사도는 예수님의 제자들은 '외인도 손도' 아니며 하나님의 능력으로 '성도들과 동일한 시민이요, 하나님의 권속'이 되었다고 했다(엡 2:19). 하나님의 일은 하나님의 아들을 믿고 의지하는 평범한 사람들의 삶을 놀라운 방법으로 변화시키는 것이다.

바울 사도는 한 교회에 속한 그리스도인들이 함께 연합하는 삶을 나누기를 기대했다. 이 땅에서 하나님의 가족을 이루는 모든 구성원들이 연합할 것을 기대했던 그는 고린도 교회의 그리스도인들이 가장 잘 섬겨야 할 지도자들에 대하여 분쟁을 일으킨 것을 매우 괴로워하였다(고전 3:1-5). 그는 '서로 물고 먹는' 갈라디아 교인들에 대한 소식을 듣고 고통스러워했으며, 서로 미워하며 분당을 짓는 것에 대해 '죄악된 본성을 따르는 일'이라고 책망하였다(갈 5:15, 19-21). 바울 사도는 그리스도인들이 자신들을 하나님의 가족이라고 말하면서 그들의 삶 속에서 하나님이 전혀 일하지 않는 것처럼 살아가는 것은 모순이라고 보았다.

예수님은 그리스도인들 사이에서 기대되는 관계에 대해 알려 주셨다. '내가 너희를 사랑한 것 같이 너희도 서로 사랑하라'고 열두 제자에게 말씀하셨다(요 15:12). 주님은 그의 가족들이 주님과 연합한 것처럼 그렇게 서로를 향해 강하게 연합되기를 원하셨다. 어느 시대이든 그리스도의 교회에 속한 사람들은 주님의 사랑과 용납하심이 그들을 통해 다른 그리스도인들에게로 흘러 나가는 것을 경험해야만 한다.

양떼

하나님께서는 교회가 서로 용납하고 사랑하는 공동체가 되기를 원하실 뿐 아니라, 그 구성원들을 돌아보는 공동체가 되기를 원하신다. 예수님께서 자신을 '선한 목자'(요 10:11, 14)라고 말씀하실 때, 시편 23편의 이미지를 다시 소개하셨다. 그분은 자기를 따르는 자들을 인도하고 보호하며 필요를 채우시는 자로서 전적인 책임을 지신다. 주님은 그들을 너무나 사랑하시며 그들을 보호하기 위해서는 어떤 대가라도 지불하리라는 것을 그들이 이해하기를 원하신다 (요 10:15). 주님은 능력과 권세를 가진 분으로서 그들과 함께 하심을 그들이 아는 것이 주님께는 중요하다. 주님은 그들이 안전을 느끼고 확신 가운데 거하기를 원하신다.

그리스도인의 교회가 양떼와 비슷하다는 또 다른 확증은 베드로전서에서 찾아볼 수 있다. 베드로는 교회의 장로들에게 '너희 중에 있는 하나님의 양무리를 치고 양무리의 본이 되라'(벧전 5:2-3)고 호소한다. 교회는 지도자와 모든 지체들이 함께 돌봄을 입으며 격려를 받는다고 느끼는 공동체가 되어야 한다. 지도자들은 교회의 발전을 지체없이 수행할 수 있도록 교회를 인도해야 하는데, 그 이유는 많은 사람들이 더 이상 교회에 소속감을 느끼지 못하고 교회를 떠나는 것으로 밝혀지고 있기 때문이다.[1]

한몸

신약성경에서는 교회가 서로 연합하여 사랑하며 돌보는 하나님의 백성들의 공동체가 되는 것 뿐 아니라, 교회가 감당해야 할 또 다른 역할이 있다는 것을 우리에게 보여 주고 있다. 하나님께서는 모든 교회의 거듭나고 성령으로 충만한 그리스도의 제자들에게 특별한 은사와 사역을 맡기신다. 그리고 그들이 성령의 인도하심을 따라 교회를 세우고 교회가 성장할 수 있도록 주어진 은사들을 사용하기를 원하신다(엡 4:11-13). 신약성경은 다양한 은사들에 대해 열

거하고 있다(롬 12:6-8, 고전 12:8-10, 28, 엡 4:11, 벧전 4:10-11). 물론 이 은사들만이 유일한 것은 아니다. 하나님은 어느 때나 교회를 세우시기 위해 필요한 어떤 은사라도 주시는 능력의 소유자이시다.

바울 사도는 고린도 교회 성도들에게 이런 다양한 은사들이 서로 밀접한 관계를 맺고 있음을 조심스럽게 설명한다. '한 성령' 께서 모든 은사를 주시며 '한 주' 께서 모든 것을 지도하신다(고전 12:4-5). 그들은 '한몸을 이루는 많은 부분들로' (12절) 이루어지며, 각 지체는 각자 중요한 역할을 맡는다(22-24절). 하나님은 '몸 가운데 나눔이 없고 오직 여러 지체가 서로 같이하여 돌아보게' 하셨다(25절). 만일 그리스도인들이 하나님께서 원하시는 대로 각 지체에게 맡기신 모든 은사들을 사용한다면, 각 지체는 서로 보완해 주며 효과적인 몸의 기능을 수행하게 된다.

비활동적인 교회의 구성원은 바울에게는 거의 생각할 수조차 없는 개념이었다. 바울은 모든 그리스도의 제자는 각자 특정한 방법으로 주님을 섬기기 원한다고 생각하셨다. 섬김을 통해 그리스도인들은 자신들이 그리스도의 가족 공동체에 속하게 된 것에 대한 감사를 표현할 뿐 아니라, 한몸 안에 깊이 참여한다는 것도 함께 느끼게 된다. 교회의 구성원으로서 한 지체임을 느끼기 위해서는 참여할 수 있는 역할을 찾아야 한다.

지금까지 우리는 신약성경에 나타나 있는 교회에 대한 가르침을 부분적으로 살펴보았다. 이제는 어떻게 교회가 믿지 않는 남편을 가진 그리스도인 아내들을 돕고 어려운 환경 속에서 힘을 얻도록 교회의 역할을 다할 것인지에 대해 살펴보자.

2. 필요한 도움

이해

'서로 사랑하라' 는 제자들을 위한 예수님의 말씀에 따르면, 각 교회는 서로 사랑하고 용납하며 서로를 돌보는 분위기를 만들어야 한다. 각 구성원들은 자신들의 연약한 부분과 상처받기 쉬운 영역을 잘 알며, 다른 사람들이 섬세한 돌봄을 필요로 하는 상황에 처해 있을 때 그들을 이해하고 공감해야 한다.

혼자 신앙 생활을 하는 그리스도인 아내들은 교회가 그들을 받아 주며 돌보며 이해해 준다고 느껴져야 하는데, 현실은 늘 그렇지만도 않다. 이에 대해 엠제이는 다음과 같이 말한다.

> "교회가 나를 실망시켜요. 나는 한 순간도 교회가 나를 돌보지 않는다고 생각해 본 적은 없지만, 왠지 그들은 나를 이해하지 못하고 있는 것 같아요."[2]

어떻게 하면 공감한다는 것을 보여 줄 수 있을까? 교회는 예수님을 믿지 않는 남편과 함께 살고 있는 아내들은 집에서 겪는 어려움이 다른 사람들보다 많기 때문에 자상한 기도의 후원을 필요로 한다는 것을 인식해야 한다. 이런 환경에 있는 아내들은 교회의 지도자들을 포함해서 교회의 많은 사람들이 그녀들이 자유롭게 교회 생활에 참여할 수 없음을 알아 주기를 바란다. 그들은 다른 사람들이 자신들을 못마땅하게 생각한다거나, 헌신이 부족하다고 생각하지 않는다는 것을 재확인할 필요가 있다. 구역 모임에 매주 참석하지 못하는 것에 비난을 받은 도나는 이렇게 말했다.

> "구역 예배 인도자가 다른 사람들에게 그 모임에 정기적으로 참석 하지 못하는 사람들에 대해 비난하는 것을 들은 사람이 제게 그 말 을 전해 주었어요."

샌드라는 우리에게 그녀가 교회에서 어떤 교제를 나누는지를 보여 준다.

> "한 두 사람은 정말 이해심이 깊어요. 그렇지만 같은 입장이 되어 보지 않으면, 양쪽의 요구를 다 듣는 게 어떤 것인지를 이해하기는 어렵다고 생각해요. 제가 항상 교회 행사에 참석할 수 없음을 이해 하지 못하는 사람들도 있거든요."

교회는 예수님이 동정심을 보였던 것처럼, 다양한 어려움을 가진 사람들이 용납되고 이해되는 그런 분위기를 만들어야 한다. 그리스 도인들이 그들을 위해 시간을 낼 때, 그들에게 확신을 주고 힘을 북 돋워 주는 경험을 할 수 있다. 특별히 그리스도께 헌신되지 못한 남 편을 가진 아내들에게 이것은 더욱 필요하다.

지원과 격려

오랫동안 주님을 믿지 않는 남편과 살아온 린다 데이비스는 자신

과 같은 상황의 아내들을 향해 교회가 보여 준 태도에 대해 마음 아
프게 생각한다. 교회 공동체가 이제는 더 이상 믿지 않는 남편을 둔
아내들을 뒷전으로 밀쳐 두어서는 안 될 때가 되었다. 그들은 하나
님께서 귀하고 어려운 사역을 위해 부르신 여성들이다. 그리고 믿
지 않는 남편과 살고 있는 아내들도 이제는 자신들에 대하여 남편
을 구원하지 못한 실패자로 생각하지 않도록 해야 한다. 그들은 결
혼이라는 가장 친밀한 관계를 통해 남편에게 그리스도를 드러내기
위해 선택된 성도들로서 자신들을 보아야 한다. 이제 구원받지 못
한 남편과 함께 사는 것이 죄가 아니라 실제로는 고귀한 부르심이
라는 것을 인식할 때가 되었다.[3]

린다는 영적으로 죽은 상태에 있는 남편과 결혼한 영적인 과부들
은 실제로 교회 안에서 거부당하고 자신은 어울릴 수 없다고 느낀
다고 말한다. 영적인 과부의 상태에 있는 사람들은 꽃다발이나 동
정을 표하는 카드도 받지 못한다. 그들은 그저 침묵 속에서 한 번도
경험해 보지 못한 하나됨에 대한 상실감을 맛본다.[4] 이런 생생한 묘
사를 통해 같은 형편에 있는 아내들이 교회의 도움을 얼마나 필요
로 하는지를 보게 된다. 한 아내는 이렇게 말한다.

"어떤 사람들은 너무 바빠서 제가 교제하고 싶을 때 상대하려 하지
않았어요."[5]

앤도 동의하며 다음과 같이 말한다.

"구역 모임에서 기도 지원을 받기는 하지만 필요한 만큼의 도움을 받지는 못한다고 생각해요. 혼자 교회에 들어갈 때 서먹함을 느끼는 대신 누군가가 같이 앉자고 해 준다면 얼마나 좋을까요? 종종 모임에 가지 않는 이유는 혼자 가야 하기 때문이예요. 교회가 비슷한 상황에 처한 다른 사람들과 교제할 수 있도록 도와 주면 정말 좋겠어요."

피오나도 앤의 말에 찬성하며 말했다.

"저와 같은 입장에 놓인 사람들과 함께 모여 남편들을 위해 기도할 수 있으면 좋겠어요. 교회 행사들은 대부분 부부 중심으로 이루어져요. 혼자 교회에 가야 하는 저는 뒷전으로 밀려난 것 같은 느낌을 받곤 하지요. 장로들의 회의도 부부 중심으로 이루어져요. 제가 장로들의 모임에 참석하기를 바라는 것은 아니지만, 부부 중심의 장로 모임은 남편과 함께 교회에 다녀야 한다는 것을 은근히 보여 주는 것이라고 생각해요."

룻도 힘들고 고통스러운 경험을 말했다.

"저는 새로 사귄 친구들로부터 기도의 도움을 받고 있어요. 몇 명이 함께 연쇄 기도를 하면서 집에서 모이고 있어요. 가끔씩 제 문제에 대해 좋은 의도로 동정심을 보이기도 하지만, 사실 그럴 때 저는 오히려 마음이 무거워지곤 해요. 남편의 구원에 대한 것보다

제가 어떻게 지내는지에 좀더 관심을 가져 주면 좋겠어요. 그들은
종종 남편에게 복음을 제시한 후 몇 주만에 남편이 구원받았다는
등의 이야기를 들려 주곤 해요."

이런 경험담들은 교회 안에 개선될 부분들이 많이 있음을 보여
준다. 호브에 있는 클래른든 교회의 가정 생활 축제는 도움을 줄 수
있는 좋은 프로그램이다. 이 프로그램은 가정 생활에 대한 성경의
가르침에 초점을 맞추면서 교회 공동체에 속한 모든 사람들을 격려
하기 위한 다양한 행사들이 한 달 간 지속된다. 그리스도인이 아닌
남편과 함께 사는 아내들은 지속적인 도움과 격려를 필요로 하긴
하지만 이런 프로그램을 통해 도움을 받을 수도 있다. 소피는 다음
과 같은 도움을 받았다고 말한다.

"저는 교회에서 많은 도움을 받고 있어요. 사람들이 남편을 위해
기도하고 있다는 것도 알구요. 교회의 행사들에는 늘 부부 동반으
로 초대를 받아요. 그리스도인 친구들은 종종 제게 격려의 말을 해
주고 남편에게 그들의 사랑과 안부를 전해 달라고 부탁하곤 해요."

기도
많은 그리스도인 아내들은 다른 사람들이 자신과 남편을 위해 기
도할 때 가장 큰 도움이 된다고 말한다. 린다는 이렇게 말한다.

"저는 도움을 많이 받고 있어요. 그리고 많은 사람들이 남편을 위

해 기도하고 있다는 것을 알지요."

아이린은 5명의 교회 청년들이 남편을 위해 정기적으로 기도하는 것 때문에 큰 위로를 얻었다. 앤은 지난 삼 년 간 교회로부터 받은 실제적인 도움과 격려와 함께 기도에 대해 고마움을 느꼈다. 재니 스도 같은 의견을 표한다.

"저는 예수님을 믿지 않는 남편이 주님을 알도록 늘 기도하는 몇몇 의 친구들을 알고 있어요."

다른 사람들이 남편을 위해 기도하고 있다는 것은 아내들에게는 매우 힘이 되는 일이지만, 그들은 자신들을 위한 기도 지원이 필요 하다. 매리슨은 이런 도움을 같은 처지의 그리스도인 아내들로부터 얻는다고 말한다. 우리의 설문 조사에 응해 준 많은 아내들이 개인 적인 기도의 후원이 필요하다고 느끼고 있었다. 어떤 사람들에게는 같은 처지에 있는 아내들의 친교 모임에 참여하는 것이 아주 좋은 방법이 될 수 있다. 린다는 설문지에 다음과 같이 쓰고 있다.

"예수님을 믿지 않는 남편을 둔 아내들을 위한 그룹 모임을 만드는 것에 대해 우리 목사님과 오늘 이야기를 나누었어요."

만일 그리스도인 아내들이 이와 같이 앞장 선다면 교회로부터 훨 씬 더 많은 도움을 얻을 수 있을 것이다. 설문지에 응답한 사람들의 약 2퍼센트만이 믿지 않는 남편과 살고 있는 그리스도인 아내들의 모임에 대해 언급하고 있다.

그 이유는 간단하다. 대부분의 교회 지도자들은 남자들이며, 그들이 대부분의 교회 모임과 행사들을 주관하기 때문에 이런 사람들의 필요에 대해 민감하지 못하다. 만일 지도자들이 이런 모임을 통해 사람들이 진정한 도움을 받을 수 있다고 인식하게 되면 서슴지 않고 이런 모임을 만들 것이다. 이런 모임에 대해 아내들은 매우 고마움을 느낀다는 것을 설문 조사를 통해 알 수 있다. 그러나 어떤 사람들은 이런 모임이 있어도 다른 일을 맡고 있기 때문에 참석하지 못하는 경우도 있다. 이 모임에 속한 아내들은 자신들이 처한 각각의 상황과 그들이 원하는 것에 따른 기도를 필요로 한다. 어떤 사람들은 자기가 참석하지 못했을 때 친구들이 기도한다는 것에 대해 고맙게 생각한다. 또 다른 사람들도 할 수만 있다면 모임에 참석하는 것이 필요하다. 각 구성원은 다른 그리스도인 친구들이 정기적으로 자신을 위해 기도하고 있음을 아는 것이 중요하다.

목회자적 상담

교회에 속한 모든 그리스도인들은 하나님과 삶에 대한 폭넓은 경험을 한 사람들이 속해 있는 공동체의 일원이 되는 특권을 가지고 있다. 그들이 함께 모일 때 하나님께서는 격려와 힘을 주신다.

이러한 일은 특정한 문제를 가지고 있는 사람들, 특히 자기와 비슷한 상황에 있는 다른 사람들과 자신의 경험을 나눌 때 가능하다. 이런 나눔은 모든 사람들의 이해를 불러일으키고 장래에 경험할 수도 있는 갈등과 오해를 내다볼 수 있게 한다. 그리고 이러한 문제가 실제로 생기게 되면 다른 사람들도 비슷한 경험을 했으며 자신만이 특이하게 이런 어려움을 겪는 것이 아님을 알게 된다.

소외되고 무시된다고 느끼는 그리스도인 아내가 자신이 도움을 필요로 할 때 찾아갈 사람들이 있음을 아는 것은 매우 중요하다. 교회의 지도자들 중 한 사람을 찾아가거나 자기와 처지가 비슷한 상황에 있는 사람들을 찾아갈 수 있다. 중요한 것은 그녀를 돕고 격려해 줄 수 있는 누군가가 늘 있음을 아는 것이다.

3. 교회가 어떻게 도울 수 있을까?

어떻게 하면 예수님을 믿지 않는 남편과 사는 그리스도인 아내들을 잘 도울 수 있을까? 이런 아내들을 위한 사역을 증진시키게 될 몇 가지 특성들을 생각해 보자.

판단하지 말라

기독교는 진지함을 요구하는 믿음이다. 그리스도께서 인간이 되셔서 고난을 당하시고 십자가에서 죽으심으로 엄청난 희생을 치르셨기 때문에, 우리는 예수님을 따르는 부르심에 대해 가볍게 생각할 수가 없다. 많은 교회들이 교회와 그리스도께 대한 헌신을 매우 강조해 왔다. 그러나 교회들은 이런 충성과 헌신을 교회에 얼마나 잘 참석하는지에 따라 평가하려고 한다. 즉, 어떤 사람이 교회에 빠지지 않고 참석하면 그를 헌신된 사람으로 생각하고, 그리고 교회

에 잘 참석하지 못할 경우는 믿음과 헌신이 부족한 것으로 평가한
다. 의도적으로 혹은 무의식적으로 다른 사람들이 교회와 그리스도
께 얼마나 헌신되어 있는지를 판단하려고 하는데, 이런 일은 상당
히 위험한 것이다. 예수님을 믿지 않는 남편과 살아가는 그리스도
인 아내들이 처한 복잡 미묘한 상황을 염두에 두고 볼 때, 이런 결론
은 상당히 잘못된 것이다. 캐슬린은 교회가 자신을 판단하지 않는
다고 한다.

> "우리 교회는 제 상황을 이해하고 받아들이면서 절 돕고 있어요.
> 제가 교회에 잘 나갈 수 없는 처지임에도 불구하고 그들이 절 사랑
> 한다는 걸 알 수 있어요."[6]

안젤라도 비슷한 도움을 받고 있음을 말한다.

> "저는 그리스도인 친구들로부터 많은 도움을 받고 있고, 그들은 남
> 편을 위해 자주 기도해요. 한번은 우리 교회의 장로님 한 분이 저
> 녁 식사에 초대를 했어요. 남편은 그 초대를 받아들였구요. 교회의
> 다른 지도자들도 제가 예배드리는 일이나 다른 행사에 남들처럼
> 참석하리라고 기대하지는 않아요. 그래서 전 편안함을 느껴요."

교회가 이런 태도를 갖는 것은 그들이 "판단하지 말라"(마 7:1)
고 하신 예수님의 말씀을 귀하게 생각하며 교회 안에 있는 다른 지
체들을 향해 건전한 태도를 유지하고 있음을 보여 준다. 사람들이

계속해서 서로를 비난하는 교회는 많은 어려움을 겪을 수밖에 없
다. 사람들은 분명히 서로에 대해 잘못된 결론을 내리게 되고 헛소
문이 퍼지게 될 것이다.

하나님께서 이런 교회에서 어떻게 일하실 수 있겠는가? 그리스도
인 아내와 그의 믿지 않는 남편은 그들을 있는 그대로 받아 주는 교
회를 필요로 한다. 아내가 남편을 교회의 행사나 크리스마스 축하
예배에 초대할 경우, 그들은 둘 다 진정한 환영을 받아야 한다. 케이
는 이런 면에서 어려움을 느꼈다.

> "남편과 함께 교회 행사에 참석할 경우, 사람들은 남편을 마치 유
> 명 인사를 대하는 것처럼 대하죠. 그래서 남편이 이질감을 느껴요.
> 사람들은 친절을 나타내고 환영을 표현하는데, 그런 것들이 오히
> 려 남편에게는 거리감을 느끼게 하는 것 같아요."

이것은 그에게 도움이 되지 않는다. 어떤 경우에는 아내가 혼자
참석하게 될 경우인데, 이럴 때 남편을 집에 두고 왔다는 것에 대해
죄책감을 느끼지 않도록 따뜻한 환영을 해 주어야 한다. 이런 상황
에 있는 아내들은 동료 그리스도인들로부터 받는 비난 외에도 감당
해야 할 부담들이 너무나 많기 때문이다.

다리 역할을 할 수 있는 행사들의 개최

많은 교회들은 교회가 세속적인 사회의 문화와 너무나 다르다는
것을 점점 더 분명하게 인식하게 된다. 그리스도인들은 교회와 사

회의 서로 다른 두 문화 모두에 익숙한 반면, 그리스도인이 아닌 사람들은 교회에서 사용하는 언어나 교회 생활이나 행동 방식들에 대해 생소함을 느낄 수 있다.

어떤 사람이 그들에게 그리스도인의 믿음을 나타내 보여도 그들은 그것을 이해하지 못한다. 신학적인 용어와 영적인 개념들에 대해 그들은 혼동을 일으키고, 결국 자신들은 이런 생소한 것들과는 잘 어울릴 수 없다는 결론을 내리게 된다. 이런 이유 때문에 오늘날의 교회들은 그들이 전하는 메시지의 내용과 전달 방법에 대해 심각하게 고려할 것을 도전받고 있다. 예수님은 평범한 사람들이 잘 받아들일 수 있는 방법으로 하나님의 복음을 선포하셨다. 그리고 사도행전의 초대 교회 당시에도 이러한 방법으로 복음이 전해졌고, 많은 사람들이 그리스도인이 되었다.

그러나 오늘날 유럽과 미국에서는 교회에 참석하는 사람들의 수가 줄고 있다. 이것은 복음의 내용이 효과적으로 전달되지 못하고 있음을 암시하는 것이다. 어떤 교회들은 성장하고 있다. 이들은 자신들의 사역 방식에 대해 기꺼이 다시 생각해 보기를 원하는 교회들이다. 그리고 이들은 1975년 창립된 이래로 엄청난 성장을 보이는 시카고의 벨링톤에 있는 윌로우 크릭 교회의 영향을 받는다.

이 교회의 구도자를 위한 주말 예배에는 약 2만 명 가량의 사람들이 참석하는데, 그들은 생동감이 넘치고 현실감 있는 복음을 접할 수 있는 사실에 즐거움을 나타낸다. 대부분의 교회들은 일요일에 예배를 드리기 위해 모이는 반면, 이 교회는 주중에 예배를 드려서 그리스도인이 아닌 사람들이 구도자를 위한 행사에 참여할 수 있도록 하므로 주말에는 자유롭다.

월로우 크릭 교회는 구도자를 우선시한다. 이 월로우 크릭 교회의 예배 방식은 세계의 여러 곳에서 다양한 방식으로 받아들여지고 있다. 내가 사역을 하고 있는 교회에서 매달 한 번씩 열고 있는 '일요일 밤' 이라는 행사에 참석하는 사람들의 삼분의 일 가량이 우리 교회에 참석하지 않는 사람들로 채워진 적도 있었다.

또한 종종 믿지 않는 남편들이 참석하여 우리에게 큰 격려가 되곤 한다. 아내들에게는 남편이 불편함을 느낄 것이라는 염려 없이, 함께 참석할 수 있는 그리스도인들의 행사가 열린다는 것이 큰 도움이 된다. 그리고 남편들이 교회에 오게 되었다는 것은 교회 공동체에 큰 힘이 된다.

교회들이 월로우 크릭 교회가 실시하고 있는 예배의 형태에 대한 도입 여부는 중요하지 않다. 중요한 것은 아내들이 편안한 마음으로 믿지 않는 남편들을 교회에 초대할 수 있는 다리 역할을 해 주는 행사들을 교회가 얼마나 구체적으로 시행하는가 하는 것이다.

교회들은 그 교회에 속한 사람들이 가족, 친구들과 이웃들을 교회 행사에 초대하기 쉬운 환경을 만들어 주어야 한다. 이런 행사들은 노골적으로 복음을 전하는 영적 행사가 될 필요는 없다. 중요한 것은 그리스도인들과 비그리스도인들 사이를 연결시켜 주는 다리 역할을 하는 것이다. 어떤 종류의 행사들을 개최하느냐가 중요한 것이 아니라 용기를 가지고 참석한 사람들을 어떻게 대할 것인가가 보다 더 중요하다. 웬디는 남편이 교회 행사에 참석하는 일에 관심을 보여 왔지만, 교회 사람들이 너무 강압적이라 그를 뒤로 물러나게 할 때가 있다고 말한다. 그녀의 남편은 자기 자신을 위한 시간과 공간을 필요로 하는 사람인 것이다. 샌드라 역시 같은 어려움을 느끼고 있다.

"남편은 사람들이 자기를 잡으려고 뛰어든다고 느끼고는 더 멀리 도망가지요. 이제는 아예 교회의 친교 모임조차도 가지 않아요."

비키의 어려움은 교회 친구들이 남편에게 지나친 관심을 나타내는 것이다.

"그들의 친절에 남편은 질식할 것 같다고 해요. 남편은 거친 럭비 선수 생활을 하기 때문에 모든 사람들이 자기에게 웃음을 짓고 호의를 베푸는 것에 전혀 익숙하지가 않거든요."

교회는 어떤 종류의 행사를 열 것인지 연구해야 하며, 찾아오는 손님들을 어떻게 맞이해야 하는지를 알아야만 한다. 가능성은 무궁무진하다. 온 가족이 함께 참석하는 산책, 파티, 저녁 식사, 소풍과 같이 교제를 중심으로 하는 행사들은 매우 좋은 반응을 얻었다. 이런 모임을 통해서 가장이 믿지 않는 가족들에게 특별한 관심을 보일 수는 없겠지만, 다양한 사람들이 자연스럽고 편안하게 서로 만나는 기회를 제공해 줄 수는 있다. 평소에는 교회에 참석하지 않는 불신 남편을 둔 아내들은 이런 행사들이 그들에게 많은 힘과 도움이 된다고 말한다.

조심해서 해야 할 헌금에 대한 강조

교회가 재정적으로 점점 어려움을 느끼게 될 때, 지도자들은 헌금에 대한 성도의 책임을 어느 때보다 강조하게 된다. 교회의 모든 비용을 감당하고, 다양한 기관에 대한 지원과 국내외 선교 사역을 후원해야만 하기 때문이다.

교회 재정 담당자와 지도자들이 교회의 재정적 필요에 대해 설명할 때, 교회의 목표를 달성하기 위해 각자가 자신의 형편에 따라 헌신하고 관대함을 보일 것을 항상 말하게 된다. 그런데 그들은 이 일이 어떤 사람들에게는 쉽게 할 수 있는 일이고(그들의 생활이 풍요롭기 때문에), 또 어떤 사람들에게는 매우 힘든 일이라는 것(그들이 처한 상황이 미묘하고 복잡하기 때문에)에 대해서는 잘 언급하지 않는다. 아마 어느 누구에게도 불필요한 어색함을 느끼게 하고 싶지 않기 때문이라 생각된다.

그러나 이 일은 믿지 않는 남편을 둔 아내들과 같은 특정한 상황에 있는 사람들에게 죄책감을 느끼게 하고 마음에 상처를 입힌다. 그들이 처한 곤란한 상황을 교회가 이해하지 못하는 것에 대해 마음에 상처를 받는다. 그리고 그들이 헌금을 마음대로 할 수 있는 자유와 능력이 없기 때문에 죄책감도 느낄 수 있다. 소피는 "교회에 헌금을 한다거나 다른 기독교 단체를 돕는 일을 제가 하고 싶은 만큼 할 수가 없어요"라고 말한다. 샌디 역시 이 일로 힘들어 한다.

"제가 형편만 된다면 헌금을 더 하고 싶어요. 남편의 수입에 의존하고 있는데, 남편이 헌금하는 일을 중요하게 생각하지 않기 때문에 참 어려워요."

맨디는 "남편은 십일조하는 것을 이해하지 못해요"라고 말하며,
매들린은 재정적인 면에서 남편에게 숨길 수밖에 없었다고 한다.

"저는 하나님을 위해 제 월급에서 얼마씩을 따로 떼어 돈을 모았어
요. 그것만 빼고 우리는 공동의 통장을 가지고 있고, 남편이 관리
하고 있어요. 그래서 저는 지금까지 하나님께서 명하신 대로 헌금
을 했고, 그것이 제게는 축복이 되었어요."

우리의 설문 조사에 응한 사람들의 약 5퍼센트만이 재정적인 면
때문에 그들 부부 사이에 문제가 된다고 대답했다. 이것은 믿지 않
는 남편을 둔 그리스도인 아내들이 교회에서 받는 재정적인 부담을
자신이 혼자 떠맡고, 남편과의 관계에 영향을 미치지 않도록 해 왔
다는 것을 의미한다. 그들은 돈을 어디에 어떻게 써야 할 것인지에
대해 강한 주장을 가진 남편과, 교회의 지도자들에 의해 호소되는
교회의 비용 부담을 나누어야 할 책임과, 성경에서 말하는 하나님
의 가르침이라는 세 가지 측면으로부터 압박감을 느낀다.
구약성경은 하나님께 드리는 옛 언약 형태로서의 십일조와 헌금
에 대해 우리에게 가르치고 있다. 신약성경은 헌금에 대해서 예수
님께서 이 땅에 오신 이후 그의 제자들이 하나님께 자원함으로 드
려야 할 것을 말하고 있다. 바울 사도는 고린도 교회에게 "매 주일
첫날에 너희가 사람이 이를 얻은 대로 저축하여 두어서"(고전 16:2)

라고 가르치고 있다.

문제는 이런 아내들이 헌금하기를 원치 않는다거나 하지 않는다는 것이 아니라, 할 수 없는 상황이라는 것이다. 그들의 대부분은 살림살이에 필요한 것 외에는 여분의 돈이 없으며 남편이 그리스도인이 아니기 때문에 헌금할 수 있는 권리가 없다. 남편의 동의 없이 헌금을 하게 되면 두 가지의 문제에 부딪히게 된다. 첫째는 가정이 경제적인 어려움을 겪게 되고, 아내는 자신이 거짓말을 하고 있다고 느끼게 된다. 둘째로, 이런 아내들은 다른 사람들만큼 충분한 헌금을 하지 못함으로 인해 죄책감을 느끼게 된다. 데릭과 릴리안 쿡은 다음과 같이 말한 한 그리스도인 아내의 이야기를 들려 준다.

"우리는 돈이 없는 것은 아니예요. 그렇지만 남편이 동의하지 않는
헌금을 하는 게 쉽지가 않아요."

데릭과 릴리안은 이런 어려운 입장에 놓인 아내들에게 다음과 같이 제안한다.

· 남편이 인정할 만한 일들을 찾는 것이다. 그런 일의 대부분에는
그리스도인들이 관여하고 있다. 그리고 헌금하기 전에 남편의 동
의를 먼저 얻도록 해야 한다.
· 대부분의 이익금이 기독교 사업에 쓰여지는 기독교 서점을 가능
한 한 많이 이용하라.
· 남편이 수입의 전부를 다 가져다 준다 해도, 실제로 아내들이 집

에서 하는 일에 대한 대가를 계산한다면 그 이상이 될 것이다. 즉 이것은 당신도 역시 남편의 수입의 일부를 번 것을 의미하기 때문에 그 월급의 일부를 자신의 일에 사용하는 것은 정당하다는 것이다.

- 시간이 있을 때 필요한 것들을 사기 위해 여러 군데를 돌아보고 가장 싼 곳에서 사라. 그래서 아껴 모은 돈을 당신이 원하는 곳에 사용할 수 있는 권리를 가져라.[7]

지금까지의 여러 제안들은 믿지 않는 남편과 사는 아내들에게 무의식적으로 죄책감을 느끼게 하고, 때로는 마음을 상하게 하는 무감각한 교회 지도자들과 대화를 나눌 방법을 찾아야 한다는 생각을 하게 만든다. 교회 지도자들이 먼저 이런 문제들을 인식하여 조심하고 교회 재정에 관한 언급을 해야 할 때는 분명하게 명시함으로, 어려운 상황에 놓인 아내들의 마음을 상하게 하는 일이 없도록 해야 한다.

성경적인 결혼관

《그리스도인 가족》에서 그리스도인과 믿지 않는 배우자가 함께 살고 있는 가정의 독자들을 대상으로 실시한 조사에 의하면, 약 24퍼센트 정도의 아내들이 결혼할 당시 그리스도인이었다고 한다.[8]

그리고, 우리가 조사한 바에 의하면 설문지에 응답한 사람들의 33퍼센트 가량이 그리스도인으로서 불신자와 결혼한 것으로 나타났다. 성경의 분명한 가르침에도 불구하고 이런 결혼을 한 것이다.

바울 사도가 고린도 교회에 편지를 쓸 때, 그는 그리스도 안에 있는 사람과 그렇지 않은 사람이 근본적으로 다르다는 것을 지적한다. 그는 "의와 불법이 어찌 함께 하며, 빛과 어두움이 어찌 사귀며…"(고후 6:14)라고 묻는다. 그리고 같은 절에서 "너희는 믿지 아니하는 자와 멍에를 같이 하지 말라"고 가르치며 우리가 실천해야 할 실제 삶의 상황을 강조하고 있다. 이것을 말하면서 그는 그리스도인이 불신자와 결혼하는 것을 금하고 있다. 그의 논지는 그리스도인의 삶 속에서 그리스도께서 행하시는 일로 인해 두 사람은 영적으로 맞지 않는다는 것이다.

바울의 이 가르침은 유대인과 이방인 사이의 결혼에 대한 구약의 가르침을 뒷받침해 준다. 이방인과의 결혼은 하나님의 백성들의 믿음을 약하게 하며 타협하게 만들기 때문에 용납될 수 없다고 하나님은 명백하게 말씀하셨다(신 7:3-4). 시돈왕의 딸인 이세벨과 결혼한 이스라엘왕 아합의 이야기는 이를 아주 명백하게 보여 준다. 얼마 되지 않아 아합왕은 바알을 섬기고 숭배하게 된다. 그는 사마리아에 산당을 짓고 바알을 섬기기 위한 제단을 쌓았는데(왕상 16:31-32), 이는 하나님의 무서운 진노를 사는 일이었다.

성경을 가르치는 다른 많은 사람들과 상담가들은 비판적이거나 무례한 의도를 전혀 갖고 있지 않지만, 그리스도인이 불신자와 결혼하는 것은 하나님께 불순종하는 것이라고 말한다. 영적으로 서로 다른 사람들이 결혼하는 것을 금하는 성경의 가르침에는 엄청난 지혜가 들어 있다. 우리가 앞에서 살펴보았듯이 믿지 않는 사람과의 결혼은 많은 아픔과 고통을 가져다 주는 관계가 되기 때문이다. 뿐만 아니라 신앙을 함께 나눌 수 없는 사람과 낭만적인 사랑에 빠지면 그리스도인의 영적인 생활이 풍성하게 자라갈 수 없게 된다. '오아시스 트러스트'의 책임자인 스티브 척은 다음과 같이 쓰고 있다.

> 그리스도인인 어떤 여자가 불신자와 사귀면서, 그 남자가 그리스도인이 되었다는 이야기는 누구나 들었을 것이다. 그러나 유감스러운 것은 이런 경우의 대부분은 그리스도인이 하나님으로부터 점점 멀어지게 되고, 결국 두 사람 다 믿음을 저버리는 상태로 끝난다는 것이다. 그리스도를 위해 산다는 것 자체가 사실 어려운 것이기 때문에, 누군가가 반대 방향에서 끌어 당기면 쉽게 흔들릴 수 있다.[9]

교회의 지도자들에게 있어서 비그리스도인과 결혼하겠다고 주례를 요청하는 그리스도인의 부탁을 거절하는 것은 쉬운 일이 아니다. 특히 그들이 믿지 않는 상대를 그리스도께로 인도하는 일에 깊은 관심을 보일 때는 더욱 그렇다. 그러나 교회의 지도자들이 그들의 의견에 동의하고 따른다면, 그것은 하나님의 말씀을 쉽게 경시하고 타협하여 잘못을 간과하려는 자세를 취하는 것이다.

나는 교회가 비그리스도인과의 결혼에 대한 가르침뿐 아니라, 실제적인 적용에 있어서도 하나님과 성도들 그리고 결혼을 요청하는 사람에 대해 책임이 있다고 생각한다. 이런 생각이 사람들에게 환영받지 못하더라도 하나님은 진리를 지키고자 하는 사람들의 편에 서실 것이다. 이것은 반드시 지역 교회 내에서만 결혼을 해야 하는

국가 교회의 교구민들의 경우와는 분명히 다르다.

가정 생활에 대한 성경적인 진리를 가르침

성경은 오늘날의 생활에 영향을 미치는 대부분의 문제들에 대한 진리와 하나님의 뜻을 담고 있다. 성경은 가정 생활에 대해서, 인간의 성과 도덕에 관하여, 결혼과 자녀 교육 및 그 밖의 영역들에 대해 가르치고 있다. 오늘날의 그리스도인 공동체는 그 어느 때보다 이런 가르침에 귀를 기울여야 한다. 그리고 하나님의 백성들이 말씀의 진리를 인식하며 살아가는지를 확인하는 것은 교회의 지도자들에게 주어진 책임이다.

그리스도인들은 자신들의 삶에 영향을 미치는 문제들에 대한 하나님의 관점을 알고, 하나님의 방법에만 자신들을 복종시킬 수 있다. 결혼 생활이 쉽게 깨어지고 있는 시대에 그리스도인들은 이혼에 대한 하나님의 관점을 배워야 한다. 성경에 따르면 배우자가 다른 사람과 부정한 성관계를 갖는 경우를 제외하고, 결혼한 그리스도인은 이혼하고 다시 결혼하려는 생각을 해서는 안 된다(마 19:9). 하나님은 배우자의 성적 부정에 대해 결혼할 때 맺은 서약을 깨뜨리는 행위로 보신다. 팀 라헤이는 다음과 같이 말한다.

> 서약이 깨어지는 순간 서로를 향한 헌신도 깨어진다. 구약에서는 이런 사람들을 끌어 내어 돌로 쳐 죽이도록 하고 있는데, 이것은 하나님께서 이런 일을 얼마나 심각한 범죄로 여기시는지를 보여 주는 것이다.[10]

이혼과 재혼과 동거가 서양 사회에서 흔한 일이 되었다는 사실이 그리스도인들도 그런 생활 방식을 받아들여야 한다는 것은 결코 아니다. 그리스도인들의 가장 중요한 책임은 성경에 나타난 하나님의 진리를 따라 충성스런 삶을 사는 것이다. 그리스도인 공동체는 믿는 사람들이 지켜야 할 도리에 대해서, 우리를 사랑하시기 때문에 나누기 원하시는 것이 무엇인지를 배워야 한다.

성경은 우리의 풍부한 영적 자원이다. 만일 교회가 맡은 바 책임을 성실하게 감당하려고 한다면 하나님의 말씀을 담대하게 선포해야만 한다. 이로써 하나님의 백성들은 그들이 필요로 하는 가르침을 받게 된다.

결론

교회는 적어도 위의 5가지 방법으로 불신 남편을 둔 그리스도인 아내들을 돕는 일에 기꺼이 헌신하고 있음을 보여 준다. 그리고 이런 방법들을 통해 교회는 점점 세속화되어 가는 사회 속에서, 성경이 가르치는 결혼과 가정 생활의 모습을 진지하게 지켜 나가고 있다. 이 일은 무엇보다 중요하고, 그 가운데 다음 두 가지는 매우 중요하다.

첫째는 믿지 않는 남편과 사는 그리스도인 아내들이 계속해서 그리스도인으로 성숙하고 발전해 나가야 하기 때문이다. 이런 아내들이 지역 교회의 일원으로 활동하면서 그들은 교회를 통해 도움과 격려를 받고 진전을 보이게 된다.

둘째로는 모든 믿지 않는 남편들이 복음에 반응할 수 있는 기회를 가져야 하기 때문이다. 그들이 예수님에 대한 복음을 들어보지 못한다면, 복음에 반응할 기회를 가질 수 없을 것이다. 그리고 아내가 그리스도에 대한 믿음을 고백하면서 매일의 일상 생활 속에서 그 믿음을 드러내지 못한다면, 남편이 그리스도인이 되는 것은 거의 불가능한 일이다.

하나님께서 원하시는 이상적인 상태는 영적으로 서로 다른 사람들이 결혼하지 않는 것이다. 새로 결혼하는 사람들에게 이런 일이 일어나서는 안 된다. 그리고 하나님께서는 모든 구원받지 못한 사람들도 깊이 사랑하시기 때문에, 믿지 않는 배우자가 그리스도께 믿음으로 반응하게만 된다면 그에 따르는 많은 변화들을 겪게 될 것이다. 이것이 우리가 바라고 기도하는 것이다. 나는 아직 그리스도를 영접하지 않은 남편을 둔 그리스도인 아내들에게, 남편이 그리스도인이 된다면 어떤 변화들이 일어날 것이라고 생각하는지를 물어 보았다. 피오나는 그들의 부부관계가 전체적으로 달라질 것이라고 생각했다.

> "우리가 훨씬 더 가까워질 거예요. 그리고 지금은 잘 할 수 없는 많은 활동들을 함께 할 수 있을 거라고 기대해요. 혼자 애쓰며 힘든 기도 생활을 하는 대신 남편과 함께 기도할 수 있다면 정말 행복할 거예요."

매릴린은 최근에 결혼 25주년 기념 파티를 했다. 그녀는 남편과의 결혼을 가볍게 생각하지는 않았다. 믿음이 없다는 것이 마음에 걸리긴 했지만 그를 사랑했다. 그리고 아무도 자기와 결혼하려고 하지 않을지도 모른다는 두려움 때문에 그의 청혼을 결국 받아들였다. 그러나 그녀는 한 가지 조건을 분명히 제시했다. 그것은 결혼 후에도 그녀가 교회에 나가는 것을 남편이 막지 말라는 것과 그 대신 그녀 역시 남편의 취미 생활을 막지 않겠다는 것이었다. 25년이 지난 지금 그녀는 이렇게 말한다.

"그런 대로 좋은 결혼 생활이었어요. 그렇지만 그리스도인과 결혼을 했더라면 훨씬 더 풍요로운 삶을 누릴 수 있었을 거라는 생각이 들어요. 하나님과 교제하면서 누릴 수 있는 사랑과 평강을 남편이 알지 못한다는 것이 절 슬프게 해요. 그리고 제가 그리스도인과 결혼했더라면 하나님을 보다 더 잘 섬길 수 있었을 것이라는 아쉬움도 느끼구요. 저는 계속 남편이 영적인 세계에 눈을 뜨고 저와 함께 신앙 생활을 할 수 있도록 기도하고 있어요."

아마도 언제가 하나님께서는 피오나와 매릴린의 기도에 응답해 주실 것이다. 그리고 당신의 기도도 응답해 주실 것이다. 하나님은 계속적으로 간구하는 사람에게 주의를 기울이시고, 그를 귀하게 여기신다고 예수님은 가르치셨다(눅 11:5-8, 18:1-8). 나는 당신이 그랬듯이 남편도 성령에 의해 감동받고 예수 그리스도를 믿게 됨으로 더 이상 이 책이 필요 없게 되고, 당신과는 아무 상관도 없는 책이 되기를 기대하며 기도한다.

N·O·T·E·S

1. Michael J. Fanstone, *The sheep That Got Away* (Monarch: Tunbridge Wells, 1993), p 62.

2. Derek and Lilian Cook, 'Just you, me and my friend called Jesus', *Woman Alive* (May 1991): p 29.

3. Linda Davis, *How to be the Happy Wife of an Unsaved Husband* (Whitaker: Springdale), p 137.

4. *ibid*, p 143.

5. Lilian Cook, 'What does your partner think about your Faith?', *Christian Family* (April 1992): p 9.

6. Sandra Carter, 'Conflict of Faith', *Christian Family* (March 1991): p 15.

7. Derek and Lilian Cook, video *Husbands and the Kingdom* (Maranatha Ministries:Kirkby Stephen, 1992), tape1.

8. Lilian Cook, *op cit*, p 8.

9. Steve Chalke, 'The 21CC Guide Book for Valentines', *21st Century Christian* (February 1989): p 17.

10. Tim LaHaye, *I Love You, but why are we so Different?* (Kingsway: Eastbourne, 1992)p 191.

부록 · 참고문헌

이 책을 쓰기 위해 우리가 실시한 설문 조사는 원래 양적인 면보다는 질적인 면에 관심을 두고 이루어졌는데, 독자들이 관심을 가지고 있을 것 같은 영역들에 대한 통계 자료 역시 수집하였다. 신앙 생활을 함께 하지 않는 남편들과 살고 있는 그리스도인 아내들로부터 수집된 131개의 설문지는 다음과 같은 사실들을 보여 준다.

1. 응답자의 연령층

   ■20대: 8%   ■30대: 30%   ■40대: 36%
   ■50대: 15%   ■60대: 9%   ■70대: 2%

2. 응답자의 결혼 연수

   ■11년 이하: 24%   ■11~20년: 35%   ■21~30년: 26%
   ■31~40년: 9%   ■41~50년: 6%   ■50년 이상: 0%

3. 결혼 당시 그리스도인이었던 응답자의 비율

   ■그리스도인: 33%

   ■비그리스도인: 59%

   ■방황하던 그리스도인: 8%

4. 자녀를 둔 응답자의 비율: 87%

5. 남편이 그리스도인이 아니기 때문에 생긴 문제로 의사나
   상담가를 한 번 이상 찾아간 경험이 있는 응답자의 비율
   ■방문한 경험이 있는 사람: 18%
   ■방문한 경험이 없는 사람: 82%

6. 남편이 그리스도인이 아니기 때문에 생기 문제로 도움을
   얻기 위해 의료 처방을 받았던 적이 있는 응답자의 비율

   처방을 받은 적이 있는 경우: 6%
   처방을 받은 적이 없는 경우: 94%

7. 남편이 교회 행사에 참석하는 응답자의 비율

   자주 참석하는 경우: 9%
   가끔 참석하는 경우: 55%
   항상 불참하는 경우: 36%

8. 그리스도인이 아닌 남편과 사는 그리스도인 아내들을 위해
   특별 프로그램을 갖고 있는 교회의 비율

   특별 프로그램이 있는 경우: 2%
   특별 프로그램이 없는 경우: 98%

9. 여자가 그리스도인이 되는 경우가 남자의 경우보다 많다.

   그렇다: 82%
   아니다: 7%
   잘 모르겠다: 11%

● 참고문헌

본 책에서 제기된 주제와 관련된 도서 목록은 다음과 같다.

1. Ames, Dave and Joyce. *Second Honeymoon*. Kingsway: Eastbourne, 1986.

2. Auch, Ron. *Prayer Can Change Your Marriage*. New Leaf Press:
   Green Forest, 1992.

3. Bright, Bill and Vonette. *Managing Stress in Marriage*.
   Here' s Life Publishers: San Bernardino, 1990.

4. Brunner, Emil. *Love and Marriage*. Collins: London, 1972.

5. Christenson, Evelyn. *What Happens when we Pray for our Families*.
   Scripture Press: Amersham-on-the Hill, 1992.

6. Crabb, Dr Lawrence J. *The Marriage Builder*. Navpress: New Malden, 1987.

7. Davis, Linda. *How to be the Happy Wife of an Unsaved Husband*.
   Whitaker House: Springdale.

8. Dominian, Jack. *Passionate and Compassionate Love*. Darton,
   Longman and Todd: London, 1991.

9. Gough, Tony. *Couples Growing*. Darton, Longman and Todd: London,1991.

10. Gough, Tony. *Couples in Counselling*. Darton, Longman and Todd:
    London, 1989.

11. Groom, Nancy. *Married Without Masks*. Scripture Press:
    Amersham-on-the-Hill, 1989.

12. Harney, Sylvia. *Married Beyond Recognition*. Monarch:
    Eastbourne, 1990.

13. Heald, Cynthia. *Eve Out of Eden*. Navpress: Colorado Springs, 1989.

14. Heald, Jack and Cynthia. *Adam Out of Eden*. Navpress:

     Colorado Springs, 1989.

15. Huggett, Joyce. *Marriage Matters*. Eagle: Guildford, 1991.

16. LaHaye, Tim. *I Love you, but why are we so Different?*, Kingsway:

     Eastbourne, 1992.

17. Littleton, Mark R. *Submission is for Husbands, Too*. Navpress:

     New Malden, 1988.

18. MacDonald, Gordon. *Magnificent Marriage*. Scripture Press:

     Amersham-on-the-Hill, 1990.

19. Mason, Mike. *The Mystery of Marriage*. MARC Europe: Bromley, 1985.

20. Rankin, Peg and Lee. *Your Marriage: Making It Work*. Lion: Tring, 1986.

21. Smalley, Gary and Trent, John. *The Two Sides of Love*. Word(UK):

     Milton Keynes, 1991.

22. Strauss, Richard and Mary. *When Two Walk Together*.

     Here's Life Publishers: San Bernardino, 1988.

23. Stroud, Marion. *I love God and You*. Falcon Books: London, 1973.

24. Warren, Yvonne. *Journey into Marriage*. Kingsway: Eastbourne, 1993.

25. Wilthew, John and Liz. *Honouring Marriage*. Word(UK):

     Milton Keynes/Frontier Publishing International: Hove, 1991.

26. Winnicott, D.W. *The Child, the Family, and the Outside World*.

     Penguin Books: Harmondsworth, 1976.